大庆油田的开发建设，形成了符合油田实际、具有自身特点的管理模式和管理经验，以此为基础陆续开发了胜利、大港、辽河等油田，走出了一条独立自主、生机勃勃的中国特色石油工业发展之路，为探索中国特色的新型工业化道路提供了重要的实践基础和宝贵经验。

——摘自习近平在大庆油田发现50周年庆祝大会上的讲话

岗位责任制

《岗位责任制》编委会 编著

石油工业出版社

图书在版编目（CIP）数据

岗位责任制/《岗位责任制》编委会编著.—北京：石油工业出版社，2024.6
ISBN 978-7-5183-6591-3

Ⅰ.①岗… Ⅱ.①大… Ⅲ.①石油企业-工业企业管理-企业管理制度-大庆 Ⅳ.①F426.22

中国国家版本馆 CIP 数据核字（2024）第 057642 号

出版发行：石油工业出版社
　　　　　（北京安定门外安华里 2 区 1 号　100011）
网　　址：www.petropub.com
编辑部：（010）64523541
图书营销中心：（010）64523633
经　销：全国新华书店
印　刷：北京中石油彩色印刷有限责任公司

2024 年 6 月第 1 版　2024 年 6 月第 1 次印刷
710×1000 毫米　开本：1/16　印张：15
字数：220 千字

定价：60.00 元
（如出现印装质量问题，我社图书营销中心负责调换）
版权所有，翻印必究

《岗位责任制》编委会

主　任：黎　鹤　祝绍功

委　员：宣伟东　姜振海　赵　亮
　　　　常　江　杨　磊　李　赞
　　　　邱必武　刘一鸣

主　编：宣伟东

副主编：刘一鸣

成　员：王常丽　曲国栋　张宜秀
　　　　刘　洋　郭琳琳　吴志英

前 言

大庆油田，诞生于国家能源危难之际，发展于民族奋进之中。

1959年9月26日，中华人民共和国成立十周年前夕，松辽盆地喜喷工业油流，"大庆"由此得名。面对国家缺油少油的困难，以铁人王进喜为代表的大庆石油人在茫茫荒原打响了石油大会战，在极其艰苦的环境下，仅用三年时间就拿下了世所罕见的大油田，从此开启了奇迹不断、梦想不断、光荣不断的历史征程。60多年来，几代大庆石油人艰苦创业、接力奋斗，建成我国最大的陆上石油生产基地，累计生产原油超过25亿吨，创造了世界同类油田开发史上的奇迹。

在为国家创造巨大物质财富和宝贵精神财富的同时，大庆油田首创了适应工业化大生产要求的管理制度体系，探索出了一条符合大庆实际、具有自身特点的管理之路，对于加快发展我国石油工业乃至整个民族工业具有里程碑意义。大庆油田管理经验作为"工业学大庆"的重要内容在全国推广，"大庆"成为新中国工业战线的一面旗帜。

诞生于石油会战初期的岗位责任制是大庆油田企业管理的基本制度，它把油田全部的生产任务、管理工作和千千万万个岗位员工紧密联系起来，做到事事有人管、人人有专责、办事有标准、工作有检查。作为岗位责任制的发源地，60多年来，大庆油田第一采油厂弘扬优良传统、坚持守正创新，不断赋予岗位责任制新的时代内涵，使之成为一厂人生生不息、薪火相传的精神动力和历久弥新、永恒不变的发展基因。

今年是习近平总书记致大庆油田发现60周年贺信5周年，也是"工业学大庆"号召发出60周年、大庆油田"三基"工作提出60周年。站在新的历史方位，通过对岗位责任制理论层面的再认识、制度层面的再完善、实践层面的再拓展，进一步揭示历史规律、观照管理现实、把握未来方向，对于实现"当好标杆旗帜、建设百年油田"奋斗目标，保障国家能源安全具有重要意义。

目 录

第一章　岗位责任制的产生 ·· 1
  一、新中国工业发展概况 ·· 2
  二、大庆石油会战 ·· 5
  三、岗位责任制形成 ·· 9

第二章　岗位责任制的内涵 ·· 21
  一、岗位责任制具体内容 ··· 22
  二、岗位责任制主要特征 ··· 36

第三章　岗位责任制的执行 ·· 40
  一、岗位责任制发源地——北二注水站 ··································· 41
  二、岗位责任制的灵魂——岗位责任心 ··································· 48
  三、履行岗位责任制的作风——三老四严 ································· 51
  四、执行岗位责任制的标准——四个一样 ································· 58
  五、落实岗位责任制的方法——岗位责任制检查 ··························· 64

第四章　岗位责任制的发展 …… 73
一、建立工业企业管理雏形 …… 74
二、重拾岗位责任制传统 …… 74
三、坚持市场化改革方向 …… 75
四、探索新型工业化道路 …… 76
五、打造大庆管理新范式 …… 77

第五章　岗位责任制的作用 …… 79
一、岗位责任制是企业管理的重要基石 …… 80
二、岗位责任制是大庆品牌的独特标志 …… 83
三、岗位责任制是石油工业的推动力量 …… 86

第六章　新时代传承岗位责任制 …… 90
一、新时代传承岗位责任制的重要意义 …… 91
二、新时代传承岗位责任制的形势任务 …… 94
三、新时代传承岗位责任制的基本原则 …… 99
四、新时代传承岗位责任制的路径方法 …… 106
五、新时代传承岗位责任制的探索实践 …… 115

第七章　传承岗位责任制的经典故事 …… 122
干工作要经得起子孙万代检查 …… 123
岗位责任制永远不能丢 …… 124
蹲点北二注 …… 125
日历牌的故事 …… 126
执行岗位责任制不走过场 …… 126

科学管库"五五化"	127
管道里的二十勇士	128
一厘米见精神	129
腰捆板凳清蜡	130
捞岩心	131
钻炉膛	132
管衣人的棉衣	133
一个不怕死的华侨小伙子	134
夜守干线炉	135
五毫米看作风	135
压差计"穿"雨衣	136
十查配合比	137
从小的工作做起	138
砖刻数据	138
为下道工序负责	139
三查钻杆	140
一滴油渍也不放过	141
父女井场相会	142
徒工帮队长	143
钥匙配对锁自开	144
撕不掉的岗位责任制	145
"爱财迷"	146
"活账本"	147

"08分钟"的小尾巴 ········· 148
　　千里背岩心 ················· 148
　　一条防松线 ················· 149
　　人拉肩扛换管线 ············ 150

附录 ···························· 152
　　名词解释 ···················· 153
　　岗位责任制相关报道 ········ 165

参考文献 ······················· 224

后记 ···························· 225

第一章　岗位责任制的产生

　　回望中国石油工业发展的不平凡道路,"大庆"是一个有着深刻蕴意和具有里程碑意义的名字:"工业学大庆"点燃了在"站起来"的火红年代里探索工业强国之路的澎湃激情,学的既是大庆的精神瑰宝,更是大庆的管理创造。最为核心、最为闪亮、最有大庆特色的管理模式就是岗位责任制,它是大庆精神、大庆经验、大庆管理的重要组成内容,为大庆油田"三基"工作体系的形成和完善,对落实"抓基层、打基础"思想,起到了极其重要的作用。

一、新中国工业发展概况

新中国成立前,在半殖民地半封建社会经济结构下,我国农业生产落后,基本"靠天吃饭",人民生活和收入水平很低,1949年中国的人均国民收入仅为27美元,还不及同为人口大国印度(57美元)的一半。

新中国成立初期,工业技术水平低下,技术装备陈旧,发展工业的基础设施配套不足,现代工业产值只占国民经济总产值的10%,农业产值在国民经济总产值中占绝对优势。同时,宏观环境不容乐观,巨额财政赤字、物价飞速上涨、配套的人才教育十分落后。面对工业基础非常薄弱、濒临绝境、百废待兴的工业经济局势,在过渡时期总路线的指引下,全党和全国人民把注意力转移到社会主义工业化的任务上来,积极投入大规模的经济建设。1950年中华人民共和国开启了工业建设的新征程。

在国民经济恢复时期,新中国工业规模增长迅速,1949年工业总产值仅为140亿元,1952年比1949年增长145%。同时,农业和工业的增长速度对比关系更合理,工业投资总额逐年增加,主要工业品产量增加明显,基建新增生产能力显著增强。工业结构上重点发展重工业,重工业和轻工业间的比例关系更加协调,优先发展东北地区,沿海和内地的工业比重更趋合理。经过三年的艰苦奋斗,1952年,新中国成立前遭到严重破坏的国民经济全面恢复。然而,重工业在工业总产值中只占35.5%,许多重要工业产品的人均产量,不仅远远落后于工业发达国家,甚至低于印度这样的新兴独立国家。毛泽东主席讲过:"没有工业,便没有巩固的国防,便没有人民的福利,便没有国家的富强。"特别是经过抗美援朝战争,改变我国工业落后状况的要求显得尤为迫切。

我国从1951年就着手编制第一个五年计划,1953年起一方面开始实施,一方面继续讨论修改,到1954年9月形成草案。"一五"计划确定的经济建设指导方针，突出了"集中主要力量发展重工业，建立国家工业化和国防现代化初步基础"，标志着中华人民共和国正式确立重工业优先发展的战略。"一五"时期，我国以苏联援助的"156项"建设项目为核心，掀起大规模的工业化浪潮，促使我国在较短时间建立了自己的工业体系框架。

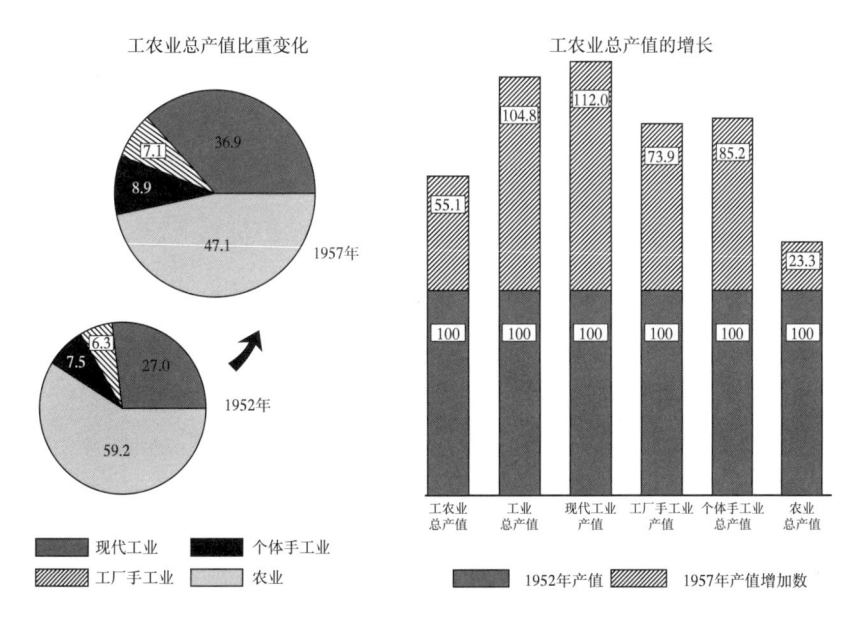

新中国国民经济第一个五年计划草案图表
（图片来源：中央档案馆）

中华人民共和国工业发展的成就还表现为生产规模的扩大和生产能力的提升。1953年12月26日，鞍山钢铁公司的三大工程——大型轧钢厂、无缝钢管厂、七号炼铁炉举行开工生产典礼。这是我国重工业建设中首批竣工投产的重要工程，标志着我国社会主义工业化的起步，具有重要历史意义。包头、武汉的大型钢铁企业先后开始施工，为在内地建立大型钢铁基地开了头。大大小小的建设项目不胜枚举，单是限额以上的较大项目，平均每天有一个开工或者竣工。社会主义工业化建设事业热气腾腾，取得扎扎实实的进展。1957年，"一五"计划结束后，中国各项工业指标均完成或超额完成，建成了一系列工业基地、一大批重要工程，成立了一些新工业部门，工业生产能力不断增强，煤、钢、纱、布等重要工业产品的生产量有了较大的提升，改变了中国几千年来国民经济总产值以农业为主的状况。"一五"计划，成为新中国工业化的奠基之作。

1960年3月11日，中共鞍山市委向党中央作了《关于工业战线上的技术革新和技术革命运动开展情况的报告》，毛泽东在3月22日对该报告的批示中，高度评价了鞍钢的经验，提出了管理社会主义企业的原则，即开展技术革命，大搞群众运动，实行"两参一改三结合"（"两参"，即工人参加管理、干部参加劳动；"一改"，即改革不合理的规章制度；"三结合"，即干部、工人、技术人员相结合），坚持政治挂帅，实行党委领导下的厂长负责制，并把这些原则称为"鞍钢宪法"，要求在工业战线加以推广。1961年，中共中央制定的"工业七十条"正式确认了这个管理制度。"工业七十条"是中国工业企业管理的第一个总章程，奠定了国有企业管理的基础。1963年，大庆石油会战取得胜利，1964年，毛泽东同志发出"工业学大庆"的号召，树立起中国工业战线的大庆红旗，这是本土化企业管理的榜样。

十一届三中全会后，中国企业管理开创了新局面，表现出对内调整与向外取经，从封闭到开放，走向世界舞台，中国的管理科学真正发展起来，涌现出一大批优秀管理人才和一批管理现代化试点企业，现代化管理方法和手段运用比较普遍。中国企业从大数量到高质量进行转型升级，企业管理实行中西融合的管理方式，跨国经营和跨文化管理的中国特色管理模式渐趋成型，为世界企业管理贡献了中国方案。70多年来，中国企业管理走过了一条曲折而漫长的道路，经历了从"以苏为师"的计划体制下的管理到"走自己的路"本土化的企业管理模式探索调整，到借鉴国外管理理论、经验，再到科学、融合创新和渐成一体的企业管理发展轨道的过程。

二、大庆石油会战

"会战"一词出自中国古代兵书《孙子兵法·虚实篇》："故知战之地，知战之日，则可千里而会战"，一般指大规模的敌我双方决定胜负的战争。大庆石油会战就是决定中国石油工业发展的一次大决战。

中华人民共和国成立之初，全国石油年产量仅有12万吨，国内使用的石油产品几乎全部依赖进口。为了解决社会主义建设各方面急需用油的问题，党中央高度重视石油工业发展。1950年，在当时的燃料工业部设石油管理总局，统管全国石油工业。1955年7月，撤销燃料工业部，成立石油工业部。第一个五年计划期间，石油工业部是唯一一个没有完成产量计划的工业部门。朱德总司令也曾忧心忡忡地讲："没有石油，飞机、坦克、大炮不如一根打狗棍啊！"1958年2月，党中央作出石油勘探战略东移的重大决策，松辽盆地成为主战场，从1958年4月至1959年9月，松辽石油勘探局投入重兵，先后钻探了松基一井、松基二井。1959年9月26日，松基三井喷出具有工业价值的油流，此时正值中华人民共和国成立十周年大庆的前夕，时任黑龙江省委第一书记的欧阳钦提议将这个新发现的油田命名为"大庆油田"。大庆油田的发现，结束了中国贫油的历史，掀开了我国石油工业实现自给自足的崭新篇章。

20世纪50年代末，一些西方国家对中国实行经济封锁，苏联撤走专家、撕毁合同。恰逢国家连续三年困难时期，国民经济异常困难。在这样的背景下，大庆油田发现后，葡萄花构造上最早开钻的一批探井已相继喷油，正在钻进的一批新井大都见到良好的油气显示，证明了葡萄花、高台子一带是能够稳定生产的较大规模油田，为进行更大规模的钻探提供了依据。集中石油工业系统力量开展一场石油大会战的时机已经成熟，一场关系石油工业命运的大规模的大庆石油会战迫在眉睫。要大规模勘探、开发建设大油田，只靠松辽石油勘探局自身力量远远不够，从邻近其他石油局、厂抽调力量，也难以满足需要。如果按部就班，采取常规办法进行勘探，很难满足国家需要，而要求国家大量投资，或者依靠外援，在当时的条件下，也是完全不可能的。从石油系统的整体来看，虽然力量薄弱，可终归还有17万职工，其中有几万技术干部，还有300多台钻机，10多亿元资产。这些力量如果分散使用，可能成不了什么大气候，如果把有限的人力、物力、财力集中起来，就能办成大事，这就是大庆石油会战的一个关键点——集中兵力打"歼灭战"。

松基三井喜喷工业油流

1960年2月1日，余秋里在石油工业部党组扩大会议上说："我们搞石油勘探，要勇于解放思想，敢于在情况基本搞清的情况下作出决断。有充分根据而不敢作决断，就会贻误时机，就会一辈子落后。现在国家迫切需要石油，松辽的资源比较可靠，地质情况也搞得比较清楚。应该下决心，从全国石油系统调集力量，组织石油大会战。松辽石油会战，只能上，不能下，只准前进，不准后退，就是有天大的困难，也要硬着头皮顶住。争取以最快的速度、最高的水平，把这个大油田勘探、开发建设好，把石油工业落后的帽子甩到太平洋里去。"这次党组扩大会连续开了5天，接着党组又开了3天会，会议决定组织松辽石油会战。

1960年2月13日，石油工业部党组向中共中央提交了《关于东北松辽地区石油勘探情况和今后工作部署问题的报告》。报告请示："我们打算集中石油系统一切可以集中的力量，用打歼灭战的办法，来一个声势浩大的大会战。"仅仅用了7天，中共中央就作出批示："中央同意石油工业部党组《关于东北松辽地区石油勘探情况和今后工作部署问题的报告》。现发给你们，望予支持和协助。石油工业部为了加快松辽

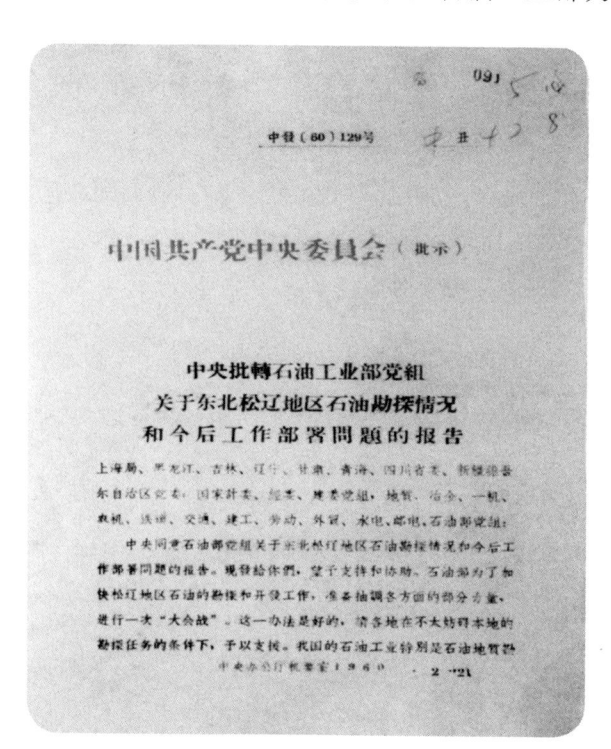

1960年2月21日，中央批转石油工业部党组《关于东北松辽地区石油勘探情况和今后工作部署问题的报告》

地区石油勘探和开发工作，准备抽调各方面的部分力量，进行一次'大会战'。这一办法是好的，请各地在不太妨碍本地的勘探任务的条件下，予以支援。"大会战的快速启动，表明了石油工业部党组的战略决心和战略意图，就是要通过这场大庆石油会战改变中国石油工业落后的面貌。

组织石油大会战，遇到的第一个问题是人力不足。石油工业部领导想到新中国成立初期，五十七师转为石油工程第一师的办法，向毛泽东主席和中央军委汇报，请求分配3万转业退伍官兵参加石油会战，得到了批准。与此同时，玉门、青海、四川、新疆等全国石油系统37个局、厂、院、校主要领导带队，组织1万多名精兵强将，自带设备，参加这场轰轰烈烈的大庆石油大会战。从1960年3月开始，1万多名其他油田的职工和3万多名复转官兵奔赴冰天雪地的松辽平原，相继到达萨尔图地区，云集在一望无际的百里荒原。在物资极度匮乏、环境极其恶劣的条件下，全国5000多家工厂企业为大庆生产机电产品和设备，200家科研设计单位提供技术支持，大批物资陆续集中到大庆。

当时在甘肃玉门已经响当当的钻井工人王进喜，从玉门油矿率领钻井队千里迢迢赶往大庆。在大庆，王进喜带来的贝乌五队改名为1205钻井队，他带领钻井队，人拉肩扛，硬是把笨重的设备用仅有的几辆解放牌卡车运到了井场。40米高的钻塔矗立在大荒原上，那是铁人来大庆后的第一座井架。1960年4月29日，在萨尔图草原临时开辟的一个广场上，召开了石油大会战誓师大会。这一天，大张旗鼓地表彰了1205钻井队等17个"一级红旗"单位，14个先进集体和223名红旗手。当骑马披红的王进喜进入会场后，全场群情激动，"向铁人学习，人人做铁人"的欢呼声、口号声此起彼伏，被拥上主席台的王进喜摘下前进帽举过头顶，高声呼喊："宁肯少活二十年，拼命也要拿下大油田！"铁人的话表达了几万会战职工的决心，开始谱写石油工业艰苦创业的新篇章。

石油大会战誓师大会

三、岗位责任制形成

在大庆石油会战中，石油工业部党组和会战工委学习贯彻"鞍钢宪法"，结合大庆石油会战实际，探索形成了"五级三结合"的民主管理、民主决策形式。这种民主管理制度对保证大庆石油会战中重大决策的民主性、科学性和正确性发挥了重要作用。但是随着生产和建设规模迅速扩大，建设任务越发繁重。150多个工种、20多个专业、5万多人，多工种、多专业、多领域、多学科的庞大、复杂、系统协同作战，暴露了许多问题。在没有现成的经验、制度可以借鉴的

罗政钧岗位责任制访谈

情况下，探索和建立一套符合油田开发生产需要的管理制度成为大会战的一个重要课题。

油田开发规模空前

那个时期，大庆油田差不多每天都有油井投产，生产区范围越来越大，隔几天就有泵站投产，几百口油井、注水井日夜生产，几十座转油站、注水站、变电站和几千台设备连续运转，几十部钻机和十几个基建工地同时施工，几万名会战职工天天和油、气、水、电、机器、油层打交道，高压、高空作业特别多，管理上千头万绪，相当复杂，地上、地下随时都会出现新情况、新变化，每天都有许多具体问题要解决，生产管理矛盾突出。一方面职工干劲很大，积极性很高，都想把事情管好，但有劲使不到点子上；另一方面生产管理出现疏漏，出了不少事故，造成不必要的损失。仅1962年1—4月就发生各种事故212起、大小火灾55次。许多工人说："谁都想把生产管好，就是不知道怎样管法。""一天紧紧张张，下了班还不放心。"许多基层干部说："整天忙忙碌碌，顾了这头顾不了那头，什么事情都得操心，还是出毛病。"如何建立一套行之有效的、与石油勘探开发相配套的管理制度，实现生产能力和管理水平同步运行，既是加强油田管理的客观需要，又是新中国工业企业坚持走自力更生、独立自主道路，结合国情创造性探索企业管理模式的迫切需要。

中一注水站失火事故是岗位责任制形成的直接起因。中一注水站是1960年5月施工、12月投产的大型注水站。投产初期，因为补充了许多新职工，不懂生产又没经过训练，油罐漏了油，竟然用泥巴糊住。1962年5月8日凌晨1点15分，中一注水站3号柴油机伸出厂房外的排气管里喷出的火花，被风吹到厂房顶上，又吹入瓦缝，将房顶保温层中的油毡纸和锯末点燃，造成火灾，直至3点15分才扑灭，历时两个小时。这次火灾如果从直接原因看，的确是火花引起，但火花冒出是可以避免的，因为柴油机排气管上边，还有一个用螺纹管制成的排气横道烟管，它是专门为消灭从排气管里冒出的火花而设置的，排气管排出的火花经过横道烟管的贮水段时可以被水扑灭。自从投产以来，排气管从未清扫，管内积灰过多，当大量火花喷出时，横道烟管没有水又无法扑灭，结果全部排出，火花随风飞扬，引起事故。火烧起来时，值班工人立即进行灭火，先是使用灭火器，7个灭火器只有5个能用，又由于不经常进行防火训练和演习，工人不善于使用防火设备，导致灭火器用完了，还没有把火扑灭。接着改用消防水龙头灭火，但因平时常常用消防带排污水，随用随丢，逐日烂掉，本来一百米长的水龙带，灭火时仅剩下7米，又因管理不善，水枪头也丢失了，水龙头离着火处有20多米，无力回天，只好等消防车来灭火。就这样延误了时间，造成火势扩大，一座崭新的注水站变成了一片废墟，直接经济损失160多万元，这也是大庆石油会战以来损失最为严重的一场火灾。

其实，站内设备损坏，工人早就提出意见，要求尽快维修好，队里也领回了两条新水龙带。这个站的王队长虽然在一次生产会议上也提到更换新水龙带，但既未指出由谁负责，事后也没检查，只是说说算了，一直存放在仓库里。所以，工人们还不知道有这两条新水龙带，只有技术员刘善林知道。当大火烧起，技术员到现场才想起此事，跑回仓库拿来新水龙带，此时房架下塌大火封门，无法起到作用，等消防队到时，大部分厂房已经全面起火，扑救无效。

岗位责任制

1962年5月8日清晨，在现场指挥灭火的会战指挥部副指挥宋振明和采油指挥部负责人来到二号院，向石油工业部副部长、大庆石油会战总指挥康世恩汇报："康部长，中一注水站发生火灾，烧光了。""什么？烧光了？"康世恩异常惊讶，"这么大的事情为什么不早汇报？"宋振明连忙说："事故已经处理完了，再说半夜……""什么半夜，你们为什么不叫我去，你以为我是到这地方来做老爷的吗？"此时的康世恩陷入思索：大庆油田的建设刚刚起步，就出现这么重大的事故，处理几名干部是容易的，但今后还会不会发生更严重的事故呢？看来没有一套管理制度不行！他问在场的人："你们发现没有，我们组织大规模的油田生产缺少个什么东西？缺少一个统一的标准，要开发好油田，必须有一套先进的管理方法。"他提高声音说："你们回去抓一下，派最强的干部去抓，抓住主要矛盾，抓出个实用的东西来，一定要让这把火把我们烧得清醒起来。"

宋振明等人离开后，康世恩立即打电话向在北京的石油工业部余秋里部长汇报，余秋里部长深感震惊，问了火灾情况，要求康世恩同志组织有关领导和专业干部，对事故发生的原因、经过进行全面系统、深入细致地调查，以便总结经验教训。

1962年5月9日那个夜晚，康世恩一夜未眠，反复琢磨出两句话："严格要求，要从常见的、大量的、细小的问题上抓起；真本领、硬功夫，要在日常工作中不间断地勤学苦练。"第二天一大早，他就让人把这两句话写成大幅对联，挂在战区党员干部大会会场上。在党员干部大会上，康世恩同志说："大庆石油会战，已发展到一个新阶段。随着油田生产规模的扩大和国家的需要，必须以原油生产为中心来组织我们的工作，今年的突出任务就是全面管好生产。"他强调，大庆会战队伍来自四面八方，工作千头万绪，怎么才能组织好？一定要加强基层建设、基础工作和基本功训练，建立一套完善的生产管理制度。

当余秋里部长赶到大庆时，采油指挥部正发动群众就中一注水站火灾事故开展讨论。余秋里查看了火灾现场，听取了汇报，了解事故经过后深切感到，基层存在这样严重的问题，反映了领导工作上的差距。他表示，这次事故集中地反映了生产秩序混乱、基层管理薄弱、岗位职责不清的问题。这一把火，不能看轻，要认真吸取教训，举一反三，改进工作，把坏事变成好事。他对采油指挥部党委的同志说："基层的工作是基础，很重要，实实在在，具体得很。对工人、对干部，根本问题在于教育。要通过总结教训，加强基层建设，加强生产管理。要同老工人、技术人员研究，把各种管理制度建立起来，完备起来，加以推广。"

1962年5月29日，大庆《战报》全文刊载了这次事故的调查分析情况报告和"加强基层工作，开展五好红旗队运动，大力改进作风，全面管好生产"的通知。中一注水站事故，暴露了五个问题：一是工作有了成绩，沾沾自喜，看不到工作中存在的缺点和问题；二是有了问题不努力去解决，也不向上如实地反映情况，说假话，报喜不报忧；三是发现问题不切切实实去解决，说说就算了，问题还是问题；四是出了问题，就事论事，只从技术业务上去找原因，没有提高到思想作风上来认识；五是领导干部不团结，党支部没有起到战斗堡垒作用，各级领导不深入基层：这是导致这次大火的总根源。

接下来，各单位和广大职工就"一把火烧出的问题"，联系本单位实际，开展大讨论、大分析、大总结，总结中一注水站事故的问题、矛盾，几万人的心都集中在一个方向，就是如何把千万个人的积极性和生产中的千万件事情结合在一起，并且在一个一个的岗位上固定下来，焦点是要建立生产岗位责任制。

为了统一大家思想，余秋里部长多次主持召开会战工委会议，分析形势，交换意见。根据大家讨论的意见，他提出，大庆油田现已经进入正规开发建设阶段，为了管好生产，必须要建立健全一套严格的、科学的管理制度，并且要一丝不苟地执行。这样，才能把几万名职工的高度积极性和生产建设中千万条具体事务结合起来，建立起正常的生产秩序。

岗位责任制

会战工委召开党员干部大会

　　当时并不是没有制度，制度还是有的，其中有些是会战职工从原单位带来的，五花八门，不够完善，不够规范，不够统一，有的执行也不够严格。加上补充了许多新职工，没有经过训练，不知如何做，这是当时一个尖锐的矛盾。为了吸取中一注水站火灾事故的教训，让干部职工懂得加强基层管理和建立健全各项制度的重要性，会战工委组织基层干部和一些工人到火灾现场参观。发动群众讨论今后应该怎么办，大家提出：最好是像解放军的"三大纪律八项注意"和哨兵守则那样，用较少的条数和简明的文字，建立起各个生产岗位的责任制度。领导的初步设想与群众的要求不谋而合，为此，会战工委决定，在全战区基层生产单位中，立即着手建立岗位责任制度。

　　建立什么样的岗位责任制，领导手里没有成套的东西，即使有，凭一纸命令公布推行，也难以贯彻落实。怎样才能搞出一套真正解决问题、行得通的岗位责任制呢？会战工委首先决定让160多名生产管理干部和工程技术人员，深入 10 个基层生产单位蹲点调查研究，进行建立岗位责任制的试点工作。钻井、采油等单位也都组织工作组，深入基层，发动群众，讨论制定岗位责任制度。1962 年 5 月下旬，康世恩亲自提名由时任大庆石油会战副指挥的宋振明带队到北二注水站蹲点写实，抓好典型，指导全局，肩负起建立大庆油田岗位责任制的重任。

北二注水站于 1962 年 4 月 1 日建成投产，建站初期全站职工来自全国 48 个单位，只有 4 个人从事过注水工作。宋振明刚到那天，正碰上这个站的党支部组织大家讨论"中一注水站一把火烧出什么"。恰好也发生断杆事故，讨论会上，大家结合自身找问题，职工田发林提出一号泵断杆暴露的管理问题，大家分析了这台投产运行 205 小时的机器，因连杆的连接螺栓裂损，发生了掉连杆停泵的事故，直接影响产量。宋振明抓住时机，将讨论引向深入，引导大家要有一个机器维修保养制度，做到专机、专人定期保养，这样就能避免事故的发生，使全站职工认识到建立生产管理制度的必要性，会上大家还共同回想了以往的工作情形。

宋振明在北二注水站蹲点

岗位责任制

北二注水站一号泵事故连杆

　　蹲点期间，宋振明针对生产任务越来越重、管理工作矛盾越来越尖锐的状况，发动群众结合"一把火烧出的问题"的讨论，联系本单位实际看问题、找原因、想办法，找出经验教训，步步深入，研究整改措施。大家提出，站里的机械设备、工具、用具一大堆，谁也没有数，哪些东西归谁管也不清楚，干起活来总是缺东少西。针对这种情况，他们决定首先搞一次"查物点数"，摸清家底。全体职工一起动手，把全站所有设备、阀门、螺栓、工具、仪表等物品，一项项查了个一清二楚，在彻底盘点的基础上，进一步研究如何管理。群众在讨论中总结了站内几个班的工作经验。如张洪洲班，在生产岗位上一向分工明确，每样东西、每件事情，由谁管、怎么管，都落实到人头上，岗位工人职责明确，班里的工作井井有条。参照他们的经验，全站按照生产工艺和工作量的大小，划分出5个区、8个岗位，把所有设备、工具及其管理责任落实到各个岗位，做到事事有人管，人人有专责。大家根据这些做法，讨论拟定了制度条文，形成了最初的"岗位专责制"。虽然岗位明确了，工作职责清楚了，但每个岗位具体在什么时间检查哪些部位还不明确。有的同志认为田发林班工作搞得好，从未出过事故，原因是他们上班时，总是把自己所管的东西和要检查的部位，按照方便、合理的路线，隔一段时间采取看、摸、听、嗅的办法检查一遍，发现问题，及早处理。蹲点组的同志到这个班跟班写实，把他们检查的点一个个记录下来，总结他们定点划线的经验，经过站里干部和老工人反复斟酌讨论，定出了一条比较科学的检查路线和顺序，拟定了巡回检查路线，建立了"巡回检查制"。

在执行岗位专责制的过程中，站里发生了上下两个班工作不衔接，甚至扯皮闹矛盾的情况。大家都感到需要有一个交接班的制度，苗安安班的工人们，每次接班时都提前半个小时上站，这里看看，那里摸摸，把生产情况问明白才接班。苗安安说："情况问清楚了，心里才踏实。生产情况不明，怎么能管好生产？"有时，上一班丢了一件工具，下一班他们就不接班，直到把工具找回来为止。于是结合老工人苗安安平时交接班中注意检查设备、问明生产情况的做法，经过集体讨论补充，制定了"八不交接"、提前到岗位做接班检查的"交接班制"。后来，针对设备缺乏定期保养，断连杆的事故教训，曾汝勤班拟定了"设备维修保养制"。对于注水化验没有标准，水质化验分析数据经常不全不准等问题，制定了"质量负责制"，相继形成了岗位责任制最初的"五大制度"。

北二注水站第一任站长罗政钧及张洪洲、田发林、苗安安、曾汝勤
（从左至右）

岗位责任制

1962年6月21日，周恩来总理视察大庆时来到北二注水站，他和蔼可亲、神采奕奕地朝工人们走来，亲切地伸出手，工人们满是油污的双手，不好意思伸出来，赶紧在衣服上使劲擦。谁知周恩来总理一把握住工人们沾满油污的手，微笑着说："不怕，我也做过工，"并亲切地嘘寒问暖。周总理看过泵房的设备后，来到北二注水站的值班室，当看到挂在墙上的"岗位责任制"时，边看边点头，笑着问站里的同志："这些制度是你们自己搞的吗？"听到肯定的回答后，周总理赞许地说："好！这样很好。"周总理视察了站里的各个生产岗位，看了岗位工人操作。他指着国产的2号注水泵说："这是我们自己造的，你们要加倍爱护。"在检查过程中，周总理发现泵站流程图没有填写绘图时间，就嘱咐："要把时间也标上"，并意味深长地说："你们的岗位很重要啊！"周总理还鼓励大家要坚守岗位，严格执行制度。听到总理的评价和鼓励，在场的同志很受感动，干部、工人更是兴奋异常。北二注水站的干部、工人一直牢记总理的嘱托，执行制度严格认真，各项工作都走在前头，成为石油系统的标杆红旗单位。

在充实和完善岗位责任制的过程中，北二注水站从实际出发，从需要入手，先后派出42人到兄弟单位参观学习。在学习兄弟单位先进经验的同时，不断地修改完善他们自己所创建的岗位责任制，先后大改4次，小改5次，开会讨论30多次。1962年7月和8月，岗位责任制经过工作组的认真总结提炼成型后，会战工委在北二注水站召开现场会，介绍他们创建岗位责任制的经验。至此，岗位责任制在整个油田推广。岗位责任制把生产建设中各项工作同几万名职工紧紧连在一起，规定了每个岗位、每个职工的职责分工，实现了事事有人管、人人有专责、办事有标准、工作有检查，杜绝了无人负责的现象，增强了广大职工的责任心，受到全油田干部工人的欢迎。

1962年10月15日，国家经委发出文件在全国推广大庆油田的"岗位责任制"。国家经委向工交各部、各中央局和省、市、自治区经委，转发《关于大庆油田建立健全岗位责任制的调查报告(摘要)》。在转发按语中强调:"他们的经验,不仅对我国新建企业,就是对老企业也有重要参考价值。"1963年10月下旬,国家经委东北局经委在大庆召开"东北地区基层工业企业经验交流座谈会",参加会议的有国家经委、东北局经委的专家和负责人,东北地区大型国有企业的厂长,共100多人。会上,宋振明汇报了"坚持基层岗位责任制情况",与会代表反响热烈。大家称赞大庆石油会战是我国工业战线的一项创举,赞扬大庆工人艰苦奋斗精神,以及在科研工作、生产管理方面取得的成就与经验。

1962年,岗位专责制、巡回检查制、交接班制、设备维修保养制、质量负责制"五大制度"初步形成,此后又先后增加了岗位练兵制、安全生产制、班组经济核算制,至1979年,岗位责任制形成了完整的体系。工人"八大制度",即岗位专责制、巡回检查制、交接班制、设备维修保养制、质量负责制、岗位练兵制、安全生产制、班组经济核算制;基层干部"六大制度",即岗位专责制、工作检查制、生产分析制、经济活动分析制、顶岗劳动制、学习制度;领导干部"七大制度",即

1964年大庆油田生产管理工作要点及制度

岗位专责制、现场办公制、调查研究制、工作总结制、参加集体劳动制、向工人学习日制、学习制度。岗位责任制的形成是在特定历史条件下，从无到有、从粗到细、从简到繁、从繁到精的过程；是从群众中来、到群众中去，集中起来、坚持下去的过程。

作为土生土长的企业管理制度，岗位责任制的首创是大庆油田对中国工业企业管理模式的突破性探索和历史性贡献，既体现了油气开发的行业特色，又满足了企业管理的本质要求，成为石油系统基础管理的重要内容和大庆会战优良传统而享誉全国。

第二章　岗位责任制的内涵

　　岗位责任制是大庆油田的基本制度,是大庆"三基"工作体系和"抓基层、打基础"管理思想的重要内容,是大庆经验、大庆管理的灵魂。岗位责任制,即把全部生产任务和管理工作,具体落实到每个岗位和每个人身上,保证广大职工的积极性和创造性得到充分发挥,岗位责任制在大庆油田持续高效开发和我国石油工业迈入制度化管理轨道过程中,发挥了不可替代的作用。

一、岗位责任制具体内容

广义的岗位责任制包括工人岗位责任制、基层干部岗位责任制、领导干部和机关干部岗位责任制。狭义的岗位责任制指工人岗位责任制。

工人岗位责任制包括岗位专责制、巡回检查制、交接班制、设备维修保养制、质量负责制、岗位练兵制、安全生产制和班组经济核算制"八大制度"。

（一）岗位专责制

岗位专责制是岗位责任制的核心内容。根据不同生产环节的要求，明确每个岗位的职责和应达到的标准。建立岗位专责制的做法是：调查研究，摸清"家底"，按照生产工艺、工作场所和设备状况的特点及工作量的大小，合理划分岗位，把所有设备、工具、物品等的管理责任落实到各个岗位。凡单人操作一班作业，实行专人专责制；几人共同操作和连续倒班作业，建立班组长（井长、机长、车长）负责制；凡能划分地段或工序并能独立操作的作业，实行以保证质量为中心的分组、分片、分段、分件的包干负责制。通过定岗位、定工作、定人员、定责任，把日常生产管理中的千万件事同千万名岗位工人联系起来，做到事事有人管，人人有专责，使工人的生产积极性有了落脚点。

例如，采油井井长岗位专责制具体内容包括以下几点：

（1）全面负责油井管理工作，按时参加小队生产会议，汇报生产情况及接受任务，领导井组人员管好油井，实现"五好"，即油井记录资料齐全准确，综合分析好；按配产方案的规定稳定生产，任务完成好；油井管理做到井下无落物，地面设备、工具齐全完好，井场清洁，无油污、无明火、无易燃物，不漏油、气、水、电；油井措施按规定做到及时、准确、效果好；保温工作好，保证出油管线畅通无阻，并且不损坏管线。

（2）严格认真执行配产方案，做到"三稳迟见水"，即产量稳、地层压力稳、流动压力稳，无水采油期长、无水采收率高。

（3）以身作则，带领井组全体工人，严格认真执行以岗位专责制为中心的各项规程制度，做到事事物物有人管，人人有专责，24小时管生产。

（4）负责本井组油井资料的获取和检查，确保各种资料准确、清楚。

（5）全面掌握油井生产动态，摸清油井结蜡规律，及时组织井组工人讨论制订合理的清蜡措施，并严格认真执行，做到安全生产，井下无落物。

（6）领导井组人员搞好保密、保温及防火工作，确保不发生失密、管线冻结及火灾事故。

（7）管好本井组所有的地面设施、设备、仪表、工具、用具，保持完整无缺，性能良好，清洁整齐，使用寿命长。

（8）每天必须参加1~2次清蜡和交接班，并按巡回检查路线，定时带上工具逐点进行检查，及时发现并消除生产异常现象和事故隐患，保证持续安全生产。

（9）负责搞好班组经济核算工作，节约材料、降低成本，每月月初组织井组做好上月经济核算分析工作。

（10）做好井组人员的政治思想教育工作，技术安全学习与考勤工作，并开展"五好"工人评比竞赛活动。

（二）巡回检查制

巡回检查制是对生产的重要部位按照规定的检查内容和要求，选用科学的路线和顺序，定时定点进行检查、记录，及时发现和排除隐患，确保生产正常进行的一项制度。它把各个操作岗位、机器设备的要害部位和工具、物件，根据生产工艺流程和运行情况划定检查点，对每一个检查部位，都根据生产工艺的特点、操作规程和岗位工人的实践经验，规定了具体的检查目的、内容和要求。巡回检查包括岗位工人对本岗位范围内的巡回检查和班组长及值班干部的全面巡回检查。班组长和值班干部检查各岗位的重点、要害部位，也抽查一些其他部位。各个检查部位的检查间隔时间，根据生产要求和设备状况具体确定。重点、要害部位多检查，交接班时全面检查。巡回检查制通过把工人从实践中总结出来的科学方法加以制度化，使工人有条不紊地进行工作，及时发现生产异常和事故隐患，堵塞漏洞，确保安全生产。

岗位员工进行日常巡检

例如，注水泵站巡回检查制具体内容包括以下几点：

（1）值班人员必须按规定时间，手持必要工具，沿巡回检查路线逐点进行检查。

（2）岗位操作工、班长、工长应按各自巡回检查路线及检查周期认真进行检查。

（3）检查中发现问题立即进行处理，不能解决时应向上级汇报处理，并做好记录，检查完毕后必须拨转时间指示牌。

（4）对不正常、新投产、新检修好的设备，应加密检查次数。

（5）值班干部在值班期间，对每个岗位的检查点全面检查一次。

（三）交接班制

交接班制规定交接班的内容和要求，是使上下班之间衔接生产，交清情况和责任，保证生产连续进行的一项基本制度。其具体内容一般为"七交、七不接"。七交，即交完成任务情况，交质量要求和资料情况，交设备运行情况，交工具、设备、配件的数量和完好情况，交安全设备及措施，交为下一班生产准备情况，交上级指示及注意事项。七不接，即任务不清不接，质量要求和措施不明不接，设备保养不好不接，工具、设备、配件缺少、损失不接，安全设备不正常、工作场所不整洁，有漏油、漏气、漏水、漏电、漏火现象不接，原始记录不全不清不接，上一班为下一班准备工作做得不够不接。

岗位员工进行交接班

交接班要做到"三一、四到、五报"，即对重要生产部位一点一点地交接、对重要的生产数据一个一个地交接、对主要的生产工具一件一件地交接；交接中必须看到、摸到、听到、嗅到；对每一检查点要一报点号，二报名称，三报现状，四报问题，五报措施，并做好记录。发生不能交接班情况时，能很快处理的，交班人须处理完毕才能下班；比较复杂的，由值班干部决定处理办法。交接完毕，分别召开班前、班后会，进行工作安排和民主讲评。每一次交接班就是一次岗位责任制检查。班班检查，责任清楚，奖罚分明，巩固了制度，严密了组织，为月底、季末、年终评比提供了依据。

例如，采油井生产岗位交接班制具体内容有以下几点：

（1）接班人必须提前半小时到达岗位，进行预检查。

（2）交接班必须严肃认真，做到"七交、七不接"。

（3）交接班人员必须面对面，按巡回检查路线，逐点详细检查，现场进行交接。

（4）根据上班工作情况，由接班人员给交班人员评分，确认无问题时，由交接班人员双方签字。签字后如发生问题，由接班人员负责。

（四）设备维修保养制

设备维修保养制是按照设备维修保养规程的要求，定期进行设备保养，以保证每台在用设备完好的一项制度。在用设备完好的条件是：完成任务好，出勤率高；设备性能好，零部件完整、齐全；设备马达运行参数达到规定要求；做好设备的清洁、润滑、紧固、调整和防腐工作；设备使用记录齐全、准确。实现设备完好的主要措施：一是正确操作；二是加强设备的定期、定机强制维护保养，即每台设备运转达到了规定时间，不论其状况好坏，不论任务轻重，必须按规定进行检查和保养，不得借故拖延。设备维修保养制的制订固化了设备根基，强化了设备管理，发挥了操作工人的主观能动性，工作中，岗位工人严格遵守"三清四无五不漏"等管理要求，杜绝设备"带病"运行，提高了在用设备完好率和设备出勤率。

岗位员工对抽油机进行维修保养

例如，注水泵站设备维修保养制具体内容包括以下几点：

（1）设备应达到"完好"，力争"五好"，即设备完好率在95%以上，出勤高、安全、完成任务好；设备零件、部件齐全，性能良好；设备出力达到铭牌规定；做好设备的清洁、润滑、紧固、调整和防腐工作；设备使用记录资料，齐全准确。除正确操作外，必须加强定期、定机强制维护保养，预防机械磨损，及时消除隐患，发现有不正常情况，必须停车检查，不准凑合使用。

（2）严格执行三级保养制度，一保由小班负责，二保、三保由维修班负责，质量检验、技术指导及对外联系，由机械工长负责。

（3）必须达到保养质量，各部配合间隙必须符合技术要求，否则应进行调整。

（4）设备质量检验标准以"五好设备"标准为准，每次维修保养后，填写详细记录，并进行试运转，合格后方可使用。

以Y-8-3泵保养作业为例，介绍维修保养规程。

（1）一级保养作业（保养周期 72 小时）。

①各轴承注黄油：7536 轴承 3 枪、7352 轴承 4 枪、3628 轴承 0.5 枪、7530 轴承 1 枪、3624 轴承 1 黄油杯。

②检查 7536 轴承压板、油圈螺栓。

③检查十字头压板螺栓及并帽。

④检查和扭紧液压部分固定螺栓。

（2）二级保养作业（保养周期 1008 小时）。

①检查更换松动皮带（松动皮带不超过 5 根）。

②检查调整 7536 轴承间隙，标准为 0.20~0.30 毫米。

③检查调整 7530 轴承间隙，标准为 0.25~0.35 毫米。

④检查铜套和销子间隙，标准径向间隙不大于 0.50 毫米。

⑤检查调整滑板与导板间隙，标准间隙为 0.20~0.50 毫米。

⑥扭紧各部螺栓：大小盖、靠背轮、传动轴承上盖、安全护罩、泵头与泵身连接、大皮带轮固定等螺栓。标准：无松动脱扣现象。

⑦检查保险阀。标准：灵活无锈死现象。

⑧检查阀门活塞。标准：无刺漏及严重磨损。

⑨检查拉杆密封圈。标准：无严重刺水。

⑩要换机油。标准：注入 120 千克齿轮油或机油。

⑪清洗十字头油道与大小油底壳。标准：清洁、无油污、无杂质。

⑫检查更换中心拉杆、活塞、活塞拉杆、阀与阀座铜套。标准：无裂纹、螺纹无损伤、无严重磨损和刺伤等现象。

（3）三级保养作业（保养周期 2016 小时）。

①调整 7352 轴承。标准：0.20~0.40 毫米。

②检查铜套与销子间隙。标准：0.10~0.50 毫米，超过 0.50 毫米应更换。

③检查测量，修复曲轴头与轴承间隙。标准：径向间隙应为 0.03~0.08 毫米，超过 0.08~0.12 毫米应采取挂焊锡修复，轴径尺寸在 0.12

毫米以上应报中修。

④检查、测量、修复连杆与 7536 轴承外圈间隙。标准：径向间隙为 0.10~0.20 毫米，径向间隙超过 0.10~0.15 毫米时应采用挂焊锡修复，内径尺寸超过 0.15 毫米应报中修。

⑤检查和更换各部件螺栓。标准：完整无缺，性能良好。

电气设备作业保养范围包括以下几点：

（1）一级保养作业（保养周期 72 小时）。

①电动机：检查接地线的固紧情况，接线端子螺栓应固紧，接线头焊锡不应有熔化现象，绝缘电阻的测定（停车后）1000 伏摇表。20℃时绝缘电阻为 150 兆欧，30℃时为 130 兆欧，40℃时为 80 兆欧。

②启动器：开车前检查启动手柄，各零件应灵活好用。绝缘电阻的检查，标准应在 200 兆欧，各接地线应固紧，不应有断线情况。

③开关柜：开车前检查操作机构，应灵活好用，检查信号灯及辅助接头，并进行脱扣试验检查。

（2）二级保养作业（保养周期 1008 小时）。

电动机：清洗轴承及更换润滑油，绝缘电阻值室温在 20~30 摄氏度时不低于 130~150 兆欧，否则应烘干，不抽转子清扫，测定轴承间隙。轴承间隙标准：0.10~0.30 毫米。

（3）三级保养作业（每年一次）。

①电动机：检查及更换油环，重新刮瓦（振动值小于 0.16 毫米，间隙小于 0.30 毫米为合格），电动机需抽转子和拆端盖清扫及检查绝缘绕组耐压试验、涂漆。

②启动器：接线圈需抽出铁芯检查，进行线圈绝缘耐压试验。

③开关柜：更换或需拆下油开关及母线全部或部分检修，仪表及继电器的正定、避雷器试验、电缆耐压试验、高压柜耐压试验、专用变压器检修均合格。

（五）质量负责制

质量负责制规定岗位工人对每项工程、每件产品、每项工作质量应负的责任，并要求制定出具体的质量标准和保证质量的技术措施和组织措施。在企业管理中，依靠工人自觉执行质量标准，实行专职检验和群众自检、互检相结合。生产工人对自己的产品进行自检，生产工人之间进行互检，专职检验人员严格按照质量标准进行检查，帮助岗位工人把好质量关。做到质量有标准，检查有记录，产品出厂有合格证，基建工程竣工有验交书，把保证质量的要求落实到每个人、每个班组、每道工序。对技术岗位的工人，尤其是一些关键设备的操作人员、重点工程或特殊作业的施工人员，规定必须经过一段时间的专业学习，获得操作合格证才能上岗，保证了产品质量和工程质量的提高。

岗位员工进行聚合物母液黏度检测

例如，采油工质量负责制具体内容包括以下几点：

（1）油水井各项工作包括清蜡、保温、量油、测气、洗井、取样、平稳操作等，都要按照质量标准或规定，认真执行。

（2）按规定时间正确录取第一性资料，做到齐全、准确、清楚。油井资料要达到"八全八准"，即油压、套压、液压、静压、产量、油气比、原油分析、井史资料全准，注水井"七全七准"，即油压、套压、泵压、注水量、分层测试资料、洗井资料、井史资料全准，要及时整理登记，汇总到"三图""两本""一小结"，即油层连通图、地面流程图、采油曲线图；测试成果本、油井综合记录本；定期检查小结。

（3）油水井作业、测试施工时，采油工和作业工应在作业前后认真交接，在施工过程中，对影响质量的关键工序，采油工和作业工共同检查把关。

（六）岗位练兵制

岗位练兵制规定岗位练兵的要求、内容和方法，是以生产岗位为主要课堂，从生产的实际需要出发，促进生产的一项制度。工人岗位练兵活动是有组织、有计划地发动工人练习岗位操作技术和技能，学习专业技术知识，熟悉岗位责任的群众性活动，并且形成了制度。各单位由主管生产的领导干部亲自抓熟悉岗位责任的群众性活动，基层生产队由队长、技术人员和新老工人组成岗位练兵领导小组，根据生产、施工任务组织练兵，每年、每月、每个大的工程都要制订练兵规划或计划，随生产计划一同下达。在安排和检查生产时，都要安排、检查练兵项目和落实情况。每个生产岗位上的职工，都要按照本工种技术等级标准中"应知应会"的要求，结合自己的实际情况，拟定出个人的岗位练兵项目，并且把它纳入各自的岗位责任制中。随着生产技术水平的不断提高和先进技术的引进，岗位练兵制修改为岗位培训制，其内容更加广泛，标准更加严格。在企业改革中，又逐步把职工培训制度化。新工人入厂，首先进行包括会战传统教育在内的岗位基本技能训练和厂规厂纪教育，进行上岗前的集中培训，不合格者不许上岗。在工作中，提倡岗位成才，对生产岗位上的业务骨干，分期分批组织脱产培训，提高其理论和实践水平。通过电大、函大加强系统教育，各二级单位举办的职工学校及大庆油田举办的各专业技工学校、中等专业学校、职工大学，为加强全员培训创造了更好条件，形成了较完整的职工教育体系。

技能专家对员工进行技能培训

例如，油站、油库工人岗位练兵制具体内容包括以下几点：

（1）岗位练兵本着干啥练啥、缺啥补啥的原则，以"集输工人技术等级标准"为标准，以"八懂八会"为内容，做到岗位和个人有练兵计划，有练兵实物，每月一检查一考核（理论、实际），考核成绩装入技术档案。

八懂八会：

①懂站库工艺流程，会启停泵、倒换流程、收发油、点炉、停炉、启停分离器、缓冲罐、沉降罐、处理站内突然停电、停水；

②懂设备性能结构、原理，如机泵、分离泵、油罐、锅炉、加热炉、脱水器、压风机、变压器、配电盘、各种管阀配件等，会维修保养；

③懂计量、化验仪器、仪表性能、规范，会检尺、换算油量和仪器、仪表的使用维护；

④懂工具、用具的规范，会正确使用；

⑤懂脱水压力、温度、排量、加药量的变化规律，会控制水位和恢

复电场；

⑥懂安全生产措施，防爆、防冻、防火、防跑油、防抽空、防触电、防人身事故等，会使用消防设备和处理事故；

⑦懂各种油料（透平油、各种机油、各种润滑脂）性质、用途，会使用保管；

⑧懂电工、维修工基础知识，会电气、机械维修操作。

（2）岗位练兵成绩与月度评奖、年度评奖、技术晋级相结合。

（七）安全生产制

安全生产制规定安全生产的要求，明确各工种安全规定和技术安全操作规范，是保护工人生命和健康，维护国家财产，保障生产正常运行的一项制度。安全生产制要求工人提高警惕，严防人为事故发生；自觉遵守有关安全生产的规章制度和劳动纪律，反对无视纪律和违章操作；爱护和正确使用设备、工具及个人劳动保护用品；积极参加有关安全生产的各项活动。由生产班组中不脱产的工人安全员在班前、班后的安全

安全监督人员对转油站进行安全检查

讲话中，针对当班生产任务提醒大家注意生产中的不安全因素，提出保证安全生产的措施。同时，定期组织各种形式的安全生产检查，边检查、边整改，促进了安全生产，并使制度不断充实完善。安全生产制的建立，增强了岗位工人的安全生产意识，对消除事故隐患，顺利完成各项生产任务起到了保障作用。

例如，注水站工人安全生产制具体内容包括以下几点：

（1）非本岗位人员进入泵站要进行查询，发现可疑情况立即报告，坚决和坏人坏事作斗争。

（2）生产工人在单独顶岗前要进行安全教育，掌握生产技术和安全生产知识，经小队考试合格才能单独顶岗。

（3）严格执行防火、防爆、防冻、防触电、防人身事故的规定，坚持班前安全讲话，施工要有安全措施。

（4）岗位工人必须熟练使用安全防火设备，输电保护、单流阀必须灵敏，消防设备必须好用。

（八）班组经济核算制

班组经济核算制是依靠群众当家理财，把勤俭办企业的方针落实到每个岗位上的一项制度。实行班组经济核算制的做法是坚持"五有"。一是有核算组织。在小队设工人经济管理组织（简称"工管组"），在班组选出1名不脱产的核算员。工管组由小队负责生产的队长、核算员和工人代表组成。二是有核算内容。根据班组生产的特点，从实际需要出发，干啥管啥核算啥。三是有定额、计划，便于同实际耗费对比。四是有分析考核。利用核算资料开展经济活动分析，并及时公布成果，提出改进措施。考核以定额、计划为依据，做到月总结、旬分析、年结算，并定期公布各班组经济指标完成情况，加强定额、计划的严肃性。五是有检查、评比。检查主要是交接班检查和小队干部每日的上岗巡回检查，在检查的基础上进行评比。核算方法力求简明扼要，便于工人掌握。班组经济核算制的建立，增强了广大职工当家理财、勤俭办企业的责任感，为企业挖掘内部潜力、增产节约、提高经济效益奠定了基础。

例如，采油工班组经济核算制具体内容包括以下几点：

（1）实行班组经济核算，井组有经济核算本，每月一小结。

（2）努力增产，厉行节约，爱护设备、工具、用具，认真执行消耗定额。

（3）严格执行节能降耗管理规定，降低油、气、水、电损耗。

（4）积极开展技术革新，努力推广应用新技术、新工艺，在生产管理中见到实效。

（5）开展技术革新和"五小"，即小发明、小创造、小革新、小设计、小建议活动，做好修旧利废工作。

青年突击队针对生产难题开展立项攻关

会战工委在全油田推行岗位责任制后，又先后建立了基层干部岗位责任制、领导干部和机关干部岗位责任制。后来，根据油田生产的发展和每一时期工作的重点，岗位责任制的内容结构也做了相应的变化。基层干部岗位责任制、领导干部和机关干部岗位责任制的部分内容如现场办公制等已作为固定的制度坚持下来，其他制度则以管理标准和岗位规范的形式体现出来。

二、岗位责任制主要特征

岗位责任制之所以历久弥新、长盛不衰，是因为它以《实践论》和《矛盾论》为指导，坚持实践第一的唯物论和辩证统一的方法论，把革命精神和科学态度紧密结合起来，既包含了制度的基本特点，又能够不断适应形势发展变化，对解决油田面临的各种困难挑战具有重要的现实意义，推动着我国现代石油工业管理不断焕发出新的生机。

（一）政治性

岗位责任制除了本身的制度属性外，既是大庆优良传统作风之一，也是大庆精神"制度化"的重要体现。大庆石油工人在党的坚强领导下，坚持"一切从实际出发"马克思主义基本原理，发扬"为国家负责、为民族争气"的爱国主义精神，以"两论"为思想武器，抓住中一注水站失火这个化危为机的关键，"让群众自己定规矩"，来认识油田开发建设中的客观规律，解决了工业化大生产初期"想把生产管好，却不知怎么管"的现实矛盾。岗位责任制的酝酿、制定、发展、成熟，饱含着各级党组织的关怀和期望，凝结着几代人的智慧和汗水。1964年，毛主席向全国发出"工业学大庆"的号召，而岗位责任制是大庆的重要管理经验。1974年，邓小平同志要求"整章建制"地学习大庆建立岗位责任制。1981年12月，中共中央发出了47号文件，充分肯定大庆基本经验、大庆精神、大庆的"两论"起家、"三老四严"和岗位责任制。岗位责任制得到党和国家以及全国人民的充分肯定，在全国生产建设大干快上的时期，巩固了社会主义新中国经济基础，为我国石油工业发展战略的执行提供了有力保障，在大庆油田，中国石油工业，乃至我国工业化进程中，都发挥了不可替代的重要作用。

（二）科学性

岗位责任制涵盖了基本的生产要素、管理要素，把工作责任、工作流程、工作标准、工作考核等内容有机地统一起来，实现了大庆优良传统和现代管理科学的融合互促，真正体现了管理制度的科学性，是党领导下社会主义工业企业的特色制度之一。岗位责任制分析矛盾，抓住关键，坚持群众路线，重视调查研究，实事求是、科学求实地解决生产管理上的混乱和粗放，建立起正常的生产秩序，在丰富发展的过程中，逐步成为大庆油田乃至中国石油工业精细化生产经营管理的有效保障。岗位责任制经过历次修订，始终坚持从实际出发，紧紧抓住各个基础环节和工作的主要矛盾，根据实际情况的变化不断进行充实调整，不断赋予新的内涵、注入新的活力。在注重继承和发扬的长期实践过程中，同步开展岗位责任制检查，有责必问、问责必严，把检查、整改、考核、追责有机结合，坚决维护了规章制度的权威性。岗位责任制作为大庆油田企业管理的重要制度，是提升企业管理水平的重要载体，是培育过硬队伍的有力抓手，是制度科学性和治理有效性的现代企业管理理论和方法的高度实践，有效助推了大庆油田治理体系和治理能力现代化水平的提升。

（三）示范性

岗位责任制是具有大庆油田特色的管理思想和管理模式的创新，是中国工业企业管理的成功探索。1964年，中共中央发出《关于传达石油工业部〈关于大庆石油会战情况的报告〉的通知》，指出："它是一个多快好省的典型。它的一些重要经验不仅在工业部门中适用，在交通、财贸、文教各部门，在党、政、军、群众团体的各级机关中也都适用，或者可作参考。"2009年9月22日，习近平在大庆油田发现50周年庆祝大会上的讲话中指出："大庆油田的开发建设，形成了符合油田实际、具有自身特点的管理模式和管理经验,以此为基础陆续开发了胜利、大港、辽河等油田,走出了一条独立自主、生机勃勃的中国特色石油工业发展之路,为探索中国特色的新型工业化道路提供了重要的实践基础和宝贵经验。"以岗位责任制为代表的大庆油田管理模式和管理经验,使企业生产建设、员工队伍建设和企业文化建设等各项工作紧密结合,实现传统管理手段与现代管理思想和模式的有机融合,创造了丰硕的物质财富和宝贵的精神财富,已然成为中国工业化道路中如何制度化管理好一个企业的典范。

(四)时代性

岗位责任制的建立是一个不断发展完善的过程,始终根据形势变化进行调整,适应了各个时代的发展需要,不断迸发出新的生机与活力。会战初期,"一把火烧出的岗位责任制",作为新中国成立后首创的符合工业化大生产要求的管理制度体系,有力促进了油田的生产建设。在那段特殊时期,岗位责任制的执行和完善并没有停止,在其约束下,人心不散,责任不丢,有力推动了工业企业制度化科学化进程。1977年召开的全国工业学大庆会议指出:"在生产资料公有制以后,无产阶级究竟怎样管理自己的工业,经过多年摸索,大庆率先解决了这个问题。"改革开放时期,岗位责任制形成了完整体系,连同纵向包干制、横向经济合同制、内部经济核算制等制度,有力支撑了大庆油田五千万吨稳产十年、再十年战略目标的实现。20世纪90年代末至21世纪初,岗位责任制引入国际规则进行融合改进,在生产管理中积极应用现代化管理方法,进一步向规范化、定量化、标准化方向发展。随后,大庆油田积极适应振兴发展新要求,以岗位责任制为基础,开始了《基层队(站)管理手册》和《岗位标准化操作手册》的"两册"探索,把制度管理和信息化、智能化结合起来,适应新形势新要求,使企业管理水平不断提升,使岗位责任制焕发出新的生机。进入新时代,紧紧围绕新时代履行岗位责任、弘扬严实作风的"四条要求""五项措施",油田上下对"两册"进行了修订,高质量完成了第107次、108次、109次新时代岗检工作。大庆油田从独创岗位责任制,到学习国外全面质量管理,到引入国际化质量认证、QHSE等管理体系,再到正式运行以体系手册为统领、以管理制度为支撑、以岗位责任制为基础、以新时代岗检为保障的"油公司"模式下"四位一体"岗位责任制综合管理体系,大庆管理始终站在中国式管理的"第一方阵"。自新时代岗检启动以来,油田上下深入学习贯彻习近平总书记重要讲话和指示批示精神,坚持将党的二十大精神贯穿新时代岗检实践始终,岗位责任制作为新时代大庆油田管理"新品牌",持续推动大庆油田高质量发展。

第三章　岗位责任制的执行

在贯彻执行岗位责任制的过程中，大庆油田一抓思想教育，强化责任心，使人人都自觉地生活在制度之中；二抓作风建设，注意从日常的、细小的事情抓起，狠反"一粗、二松、三不狠""马虎、凑合、不在乎"的老毛病、坏作风，在生产实践中逐步培养起"三老四严"和"四个一样"的好作风；三抓检查评比，执行岗位责任制检查制度，自觉从严，好字当头，表扬先进树模范，鞭策后进赶先进，激励广大职工认真执行岗位责任制度。

一、岗位责任制发源地——北二注水站

北二注水站于1962年4月1日建成投产。建站初期，全站管理着80口井、4台注水泵和13座配水间。1962年5月8日，因一场大火中一注水站被烧成了灰烬。在大庆会战工委组织的"一把火烧出的问题"大讨论中，会战副指挥宋振明深入北二注水站蹲点写实，通过发动群众、总结经验，指导形成了岗位责任制。这一重要管理制度有力地推动和规范了油田生产秩序，培养了大庆职工自觉从严的好作风和高度的岗位责任心，开创了中国工业企业制度化科学化管理的先河。

北二注水站

岁月更迭，精神的火炬在一代代大庆人手中传递、擎起。作为岗位责任制的发源地，60多年来，北二注水站始终牢固树立"传统永恒、责任无限"的核心理念，践行"把岗位责任制融入灵魂和血液"的责任使命，各项工作一直保持着高水平。先后获得了黑龙江省"五一劳动奖章"、中国石油标杆班组、全国能源化学系统女职工建功立业标兵岗等省部级以上荣誉11项，被黑龙江省委省政府、大庆市委市政府命名为"爱国主义教育基地"，并被国资委确定为中央企业工业文化遗产。

岗位责任制

北二注水站被中国石油授予企业精神教育基地

　　进入新时代，北二注水站牢记习近平总书记重大嘱托，在"当好标杆旗帜、建设百年油田"的实践中，践行岗位责任制的初心不改，与时偕行，推进岗位责任制新时代的创新和发展，通过培育上标准岗、干标准活、交标准班的"三标"行为准则，规范管理行为，谱写"争当永做履行岗位责任的标杆、弘扬严实作风的表率、推动管理提升的先锋"的新篇章。

　　以"三标"赋能优良传统。建站60多年来，北二注水站始终坚持传统育心、责任铸魂，引导员工崇尚责任、践行责任、彰显责任，争做"岗位责任制"和"四个一样"优良传统的传人。北二注水站第14任站长刘梅监督施工单位划设备警戒线时差了一厘米，她严格执行制度，要求施工单位重新划线，直到按标准划好才行。"三标"准则就是把责任升华成一种职业精神、转变为一种工作习惯，诠释"传承岗位责任制，永做主力排头兵"的精神品格；牢固树立"有第一就争，见红旗就扛"的进取意识，实行"党性教育报告单""党员争优承诺表""岗位写实表""建议说明表"和"党员评比台"为内容的"131"党员教育管理法，充分发挥党员先锋模范作用；连续开展"最具责任心员工"评选活动和"最具责任心"主题实践活动，用看得见、摸得着的典型引路，引导员工与企业同呼吸共命运，把个人价值体现到"创样板、争一流、当先进"上来，激发员工干工作、抢进度、抓上产的自觉行动，先后涌现出了以中国石油天然气集团有限公司优秀共产党员刘梅为代表的一批先进个人。

北二注水站第六任站长李连举向员工讲传统

以"三标"提升管理水平。北二注水站坚持精从细中来、细在尽责处，将"三标"理念渗透到管理的目标思路中，体现在管理的各个环节，增强管理的有效性，推动管理的全面升级。当年，大庆会战领导宋振明到北二注水站检查，用白手套在设备上摸不到一点灰尘才算合格，如今岗位员工清洗润滑油箱时，用面团把内壁粘到没有一点杂质才算达标。坚持继承不守旧、创新不丢根，不断探索传统管理与现代管理的有机融合。以"两册"为基础，建立"岗位指导卡"，员工上好标准岗。以"巡检、维护、操作、处置"四方面为主要工作内容，

岗位责任制

以"干什么、谁来干、怎么干、干到什么程度"为导向,紧抓"管理点""风险点"和"效益点"三个关键,设定巡检路线,标明管理方法和具体措施,实现"一卡全岗通",建立"现场导视牌",员工干好标准活。以管理点和风险点控制为基础,将管理标准、工作流程、风险提示以功能图版、巡检牌的方式分解到生产现场,使在岗员工熟悉工作流程、熟识区域风险。运用两表一平台,员工交好标准班。交班时,运用岗检自查表,交班员工将设备操作、参数调整、生产异常填写到岗位自查表;接班时,运用监督检查表,现场完成班次互检,问题立查立改,确认无误后接班;当班时,岗位员工和各管理层级应用岗检信息平台,随时自查、抽查,应用岗检信息平台即时给出效果评价,以查促学、以查促改,强化值岗规范。

北二注水站员工进行设备巡检

以"三标"锻造过硬队伍。新征程,北二注水站夯基立标,以落实抓好高质量原油稳产、弘扬严实作风、发展接续力量"三件大事"为总纲,聚焦"一稳三增两提升"奋斗目标,以练就过硬本领践行责任心、以推进精细管理彰显责任心,锻造锐意进取、攻坚啃硬的一流队伍。坚持践行"三标"行为准则,树立"人人是学习之人、时时是学习之机、处处是学习之所"学习理念,强化"岗位就是责任、使命强化责任、业绩验证责任"的认识;发扬导师带徒的好传统,做好思想、技能和作风的传帮带。按照干啥学啥、缺啥补啥的原则,加大岗位日常"学、练、考",构建了"日提问、周练兵、月考核、年鉴定"技能提升模式,引导员工苦练技术本领,做到"三懂三会";充分发挥技能专家作用,带领其他技术骨干,通过成立革新兴趣小组、建设队内练兵场、建立创新创效微信群,开展技能培训、技术革新、导师带徒等工作,为员工成长、成才铺路架桥。

北二注水站大闸门使用了42年依然灵活好用,
作为国家一级保护文物被永久珍藏

致北二注水站建立暨岗位责任制创立 60 周年贺信

值此采油一厂北二注水站建立和岗位责任制创立 60 周年之际，油田党委和油田公司向北二注水站全体干部员工、离退休老同志及家属表示热烈的祝贺，并致以诚挚的慰问！

60 年前，在波澜壮阔的石油大会战中，会战工委通过积极发动群众、总结正反两方面经验，在北二注水站首创享誉全国的岗位责任制，实现"事事有人管、人人有专责、办事有标准、工作有检查"，成为大庆油田特色管理经验的重要内容，开启了我国石油工业制度化科学化管理的新阶段，体现了党领导社会主义工业企业的成功探索。

60 年来，北二注水站作为岗位责任制发源地，牢固树立"传统永恒、责任无限"核心理念，践行把岗位责任制融入灵魂和血液责任使命，坚持上标准岗、干标准活、交标准班，赋予岗位责任制新内涵，创造岗检新方法，为新时代继承发扬大庆精神铁人精神作出了突出贡献。

站在新的历史起点上，希望北二注水站全体员工传承红色基因、赓续精神血脉，与时偕行，守正创新，深入贯彻落实抓好"三件大事"战略部署，砥砺奋进高质量发展新征程，永做履行岗位责任的标杆、弘扬严实作风的表率、推动管理提升的先锋，为"当好标杆旗帜、建设百年油田"再立新功、再创佳绩！

中共大庆油田委员会
大庆油田有限责任公司
2022 年 6 月 2 日

2022年6月6日，大庆油田第一采油厂召开北二注水站建立暨岗位责任制创立60周年纪念大会，传达了大庆油田党委和油田公司贺信精神，回顾北二注水站发展历程，号召广大干部员工传承岗位责任制，弘扬严实好作风，促进管理水平再上新台阶。6月27日，以"喜迎党的二十大，交好大庆答卷"为主题的"中国石油大庆油田开放日"正式启动，新华社、光明日报、中国新闻社、人民网、央广网、中国石油报等近30家媒体的记者走进北二注水站，探寻岗位责任制的根脉，感悟老传统在新时代的新活力。

北二注水站建立暨岗位责任制创立60周年纪念大会

60多年来，不管形势任务如何变化，工艺流程怎样改进，北二注水站员工始终坚持继承传统不丢根，铸就了永不褪色的责任心。截至2023年12月31日，北二注水站已安全运行22515天，累计录取610多万个数据无差错，累计注水1.7亿立方米，设备完好率100%，注水单耗保持油田最低水平。

二、岗位责任制的灵魂——岗位责任心

岗位责任制的制定和执行，核心是人，是有高度觉悟的人，是有主人翁责任感的人，岗位责任制的灵魂是岗位责任心。岗位责任制普遍建立以后，会战工委把重点落在抓执行、抓落实上。怎样才能落实好岗位责任制，什么才是岗位责任制的核心？归根到底，抓的就是不断强化岗位责任心，没有岗位责任心，执行制度就不可靠。

1962年，整个油田油井和注水井日夜生产，很多岗位需要单独顶岗，昼夜值班，执行制度不走样，起决定作用的正是高度的责任心。有了责任心，就能充分发挥职工群众的主观能动作用，丰富制度的内容，弥补管理上或制度上的不足，使制度不仅能在正常情况下执行，也能在复杂情况下执行，制度规定的内容能落实，制度没有规定的也主动去做好；有了责任心，就能做到人人坚守岗位，埋头苦干，执行制度严肃、认真，一丝不苟；有了责任心，才能发挥制度的威力，使制度真正落到实处。

西水源是大庆油田第一个投产的水源地，建成时的汩汩清泉解决了会战开钻用水的燃眉之急，见证了大庆油田艰苦卓绝的创业历史。1963年冬季的一天，风雪肆虐。西水源的设备保养员马登嵩准备去查井，几个同事见他正要开门，马上上前劝阻："等雪停了，再去查井也不迟啊。风雪太大了！"可他说："天气越是不好，设备就越容易出问题。"说完，他毅然推开了门。马登嵩患有严重的风湿病。雪越下越大，风也越来越猛烈了。走啊走啊，马登嵩感到抬腿越来越艰难了，慢慢地，他终于无力地瘫倒在风雪中，大雪几乎将他埋没了。这时，一个路人发现了他，问他家在哪里，要将他送回家。他却对那人说："你帮我搓搓腿吧，有知觉了，我自己走，我还得去查井呢……"就这样，在路人帮助下，他重新站了起来，又走上了查井的路。果然不出所料，有一口井发生了深井故障，他迅速进行了处理。多亏了马登嵩的坚持，否则

真不知道会发生多大的事故。事后，马登嵩深有感触地讲："工人当家做主管生产，如果不把油田看成是自己的，怎么也搞不好责任制。我体会，岗位责任制的灵魂是岗位责任心。"这句话说出了岗位责任制的本质，说出了工人阶级的感悟，也说出了会战工委的心声。

马登嵩（右二）为同事讲解检查设备时的注意事项

在推行岗位责任制的过程中，会战工委总结了西水源的典型。1964年，大庆石油会战工委在《战报》上宣传和表扬了马登嵩的事迹，同时，围绕"岗位责任制的灵魂是岗位责任心"在全油田开展了讨论，极大地提高了广大职工执行岗位责任制的自觉性。

汩汩清泉润万家，西水精神代代传。岗位责任心让老一辈西水人用奋斗走过了辉煌的历程，也让新时期的西水人不忘初心，举旗在前，扛责在肩。

岗位责任制

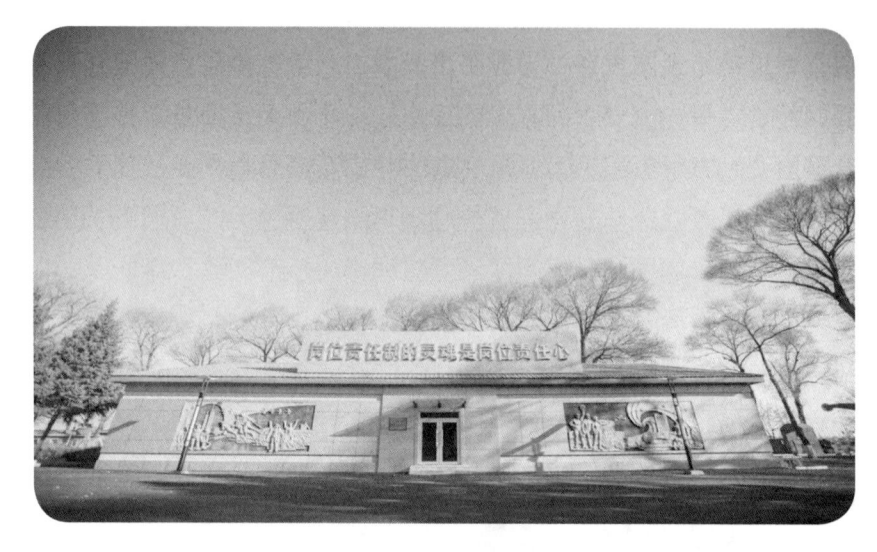

大庆油田水务公司石油精神教育基地

不忘初心，来自好干部的引领。以油田五面红旗之一西水源第一任厂长朱洪昌为代表的老一辈西水人，把大庆精神铁人精神融进血脉，用赤胆忠心和钢筋铁骨实践了"保证长命水，争当钢铁线"的铮铮誓言，并引领西水源在会战时期就成为全油田学习的标杆。新时期，每一次急难险重的任务来临之时，党员干部抢在先，做到工人身上有多少泥，干部身上就有多少泥，在与员工交流和沟通时，始终以"四心换四情"，即全心投入，深入调研握实情；热心帮助，结对帮扶显真情；诚心交流，促膝谈话增感情；耐心疏导，认真接访化危情，真正把工作做到点儿上、做到员工心坎儿上。头雁的引领，促进了西水源在前进中发展，在发展中前进，实现了由石油会战"百面红旗单位"，到集团公司"百面红旗单位"和大庆油田"基层建设十面红旗"的发展。

不忘初心，来自好传统的坚守。会战时期，老一代西水人身体力行"三老四严"优良传统，无论是供水女工背着孩子去上井，还是巡线工风雨无阻徒步查管线，都是对"岗位责任制的灵魂是岗位责任心"的最好诠释。新时期的西水人接过前人的薪火，站在新的管理高度，事事高起点，把小事当成大事做；时时严要求，在放大镜下挑毛病；处处求突破，把难点干成亮点，做到了弘扬会战传统不松懈，落实岗位责任不走样。"深井'3+2'管理法"和"成本控制'四法'"等管理经验的推广，实现了项项工作质量全优，创造了连续供水无间断、优质供水无波动、安全生产零事故、安全供水两万天的佳绩。

不忘初心，来自好精神的锻造。老一辈西水人以"有红旗就扛，见第一就争"的精神，创造了辉煌业绩。新时期的西水人坚持用优良传统塑魂，用先进文化育人，提炼的"事情无论大小，要干就干最好""点滴降成本，分角算效益""凡事想安全，一生保平安"等鲜活理念，润物无声地根植在西水源每名员工的心灵深处。岁月在流逝，时代在变迁，西水人从不忘本，每年建厂日都会在员工中开展"描红名言碑，擦亮责任心"活动，描红名言，铭记责任，为西水人超越前辈，超越自我，勇争一流注入了不竭动力。

"岗位责任制的灵魂是岗位责任心"这句话已成为油田职工记在心间的格言式话语，并转化成行动的自觉。如今，大庆石油人践行岗位责任、弘扬严实作风，推进新时代岗检，在点滴行动中更清晰彰显着岗位责任心。

三、履行岗位责任制的作风——三老四严

岗位责任制的执行过程，实际上是培养好作风的过程。波澜壮阔的大庆石油会战，培育了享誉全国的"三老四严"工作作风，彰显了石油人严格的自我要求和行动自觉，对有力推动石油工业的发展，提高职工队伍战斗力发挥了巨大作用。

三老四严

岗位责任制

"三老四严"是会战职工在实践中不断研究探索总结形成的，它不仅是大庆人汗水智慧的结晶，更是党和军队纪律严明的作风在石油行业的凝结和升华。石油埋藏在地下千米甚至数千米像磨刀石般致密的岩石中，如何准确找到它，并将其源源不断地"拿"到地面，靠的是先进的科学技术和精湛的工艺手段，石油勘探开发系统工程中的每项工程、每个步骤、每个环节、每样工作、每份资料、每个数据都需要绝对的精细和精准，来不得半点马虎。这种"锱铢必较"的工作要求和解放军执行"三大纪律八项注意"的要求，在本质上是一致的。

"三老四严"发源地中四采油队组建于1960年3月，刚成立时条件非常艰苦，但管理非常严细。会战初期，给油井清蜡都需要使用刮蜡片，如果操作不慎刮蜡片掉到工作筒中，会造成油流阻塞的严重事故。在一次新井投产时，队长辛玉和到西六排二井区检查，中途发现队里新来的徒工小孙手里拎着一个崭新的刮蜡片急匆匆地要去上井。当时，辛玉和就纳闷，小孙的刮蜡片刚领了没几天，怎么这么快就坏了？为了弄清楚原因，他返回材料库，找到正在当班的材料员了解情况。原来小孙早晨清蜡后没有仔细检查，就关闭了清蜡阀门，把刮蜡片给挤扁了，还让材料员帮他保密。辛玉和走出库房，思绪起伏，认为这不单纯是一个刮蜡片的问题。今天小孙隐瞒事故，说明采油工在井场单独值班，如果没有一个老老实实的工作态度，决不能管好油井。"小洞不补，大洞尺五"，这件事不抓肯定不行，不狠抓也等于不抓。辛玉和想起这段时间，自己只忙着抓新井投产，放松了抓职工的思想作风建设。于是，他加快步伐，赶往井场，决定找小孙严肃地谈谈。他对小孙说："小孙啊，要想干好工作，没有老实态度是不行的，对任何事情，丁是丁，卯是卯，对就是对，错就是错，对待革命事业要忠诚老实，说老实话。"一番话说得小孙低下了头，含着泪说出了事情的经过，承认了错误。

中四采油队旧貌

为了通过这件事教育全队职工，队党支部决心从小事做起，严抓工作作风。第二天就在小孙管的那口井上，召开了事故分析现场会，用这件事来教育全队的职工。会上，指导员李忠和重点讲了事故原因及对待事故的态度问题，他说："采油工人的工作特点是单兵作战，没有老老实实的态度、严格的要求，是管不好油井的。"听了大家的发言，小孙坐不住了，激动地表示，要把这个变了形的刮蜡片，挂在自己管的那口油井上，时刻对照，不忘这次教训。辛玉和也激动地表示："干部是带队伍的人，我们怎么带，队伍就怎么走。我们不能严格要求自己和别人，队伍就不可能具有高度的革命自觉性。事故出自小孙，可根子在我身上，我这个队长只埋头抓生产，放松了职工的思想工作。"看到这样的情景，全队职工一致表示要把这个变形的刮蜡片挂在队部里，让全队的人天天看到、时时想到。大家还自觉提出，今后要说老实话，办老实事，做老实人，严格要求自己，对每件事都要有一种严肃认真的态度，这样才能管好油井。

岗位责任制

中四采油队召开事故分析现场会

为了巩固和提高这种认识，在队党支部的带领下，全队开展了"当老实人，说老实话，做老实事，严格要求，严明纪律"的"三老两严"活动，党支部还制定了"干部上岗，工人监督，要求工人做到干部首先要做到"的制度。就这样，严细认真干工作在全队形成了好风气。

中四采油队开展"三老两严"活动、严细成风的事迹上报到石油工业部，余秋里听了非常高兴。他认为这个队抓作风抓到了根本上，应当对"三老两严"加以肯定和完善，就召开专门会议，组织大家讨论。

1963年9月12日，会战工委召开政治工作会议，对会战以来加强基层建设，培养队伍作风的经验进行了总结，在中四队"三老两严"的基础上形成了"三老四严"。同年10月9日，《战报》刊登了《中华人民共和国石油工业部条例》，对"三老四严"的内容进行了具体阐述，即对待革命事业，要当老实人、说老实话、做老实事；干革命工作，要有严格的要求、严密的组织、严肃的态度、严明的纪律。"三老四严"在全国石油系统中贯彻执行。

1963年10月9日,《战报》刊发《认真贯彻"三老""四严"和"四个一样"的作风》

当老实人,就是鼓足干劲,艰苦奋斗,不图安逸,不怕困难;埋头苦干,少说多做,一切从实际出发,尊重科学;有全局观点,向上级要东西不能越多越好,交东西不能越少越好,不闹分散主义;有团结协作精神,不能只图自己方便,不顾别人困难;对同志讲原则,以诚相见,有意见当面提,不当面一套、背后一套,不要手段。

说老实话,就是向上反映情况,向下作报告,必须有什么说什么,有多少说多少,不夸大成绩,不缩小缺点,不隐藏错误,更不能封锁消息、报喜不报忧、夸夸其谈、哗众取宠;凡做计划、要投资、要材料、要人员、做统计报表及对上报告，都必须实事求是，是多少要多少，坚决反对弄虚作假，宽打窄用，打埋伏，藏一手。

做老实事，就是必须提倡调查研究，实事求是，做"笨事"，做"傻事"；工作要越做越细，不怕麻烦，认真负责，讲求实效；要一件事一件事，一个问题一个问题，一点一滴去干，搞个水落石出；不做表面花花哨哨、内容空空洞洞的事，反对粗枝大叶，马马虎虎，道听途说，指手画脚的坏作风。

严格的要求，就是一切行动都要严格按党的政策和上级指示办事，各个方面的工作都要有严格的标准，要做就要做彻底，绝不允许凑合、应付。产品质量不合国家规格，坚决不出厂；工程质量没有达到设计要求，坚决返工重来；设备检修质量不合格，坚决不许开动。

严密的组织，就是在生产、建设的各个环节、每个岗位上，必须做到人人职责分明，事事都有人管；各个环节、各个岗位都要紧密协同配合，使上下左右都工作、生活在严密的组织之中。坚决反对责任不明、无人负责和互不协作的混乱现象，绝不允许自由散漫，各行其是，自搞一套。

严肃的态度，就是对党和国家的方针政策、上级指示，要做到严肃认真，雷厉风行，说干就干，干就干好，要抓紧、抓狠，一抓到底，反对那种囫囵吞枣，拖拖拉拉，疲疲沓沓的坏习气；对人对事必须坚持原则，划清正确与错误的界限，分清责任，自己有错误，必须诚恳进行自我批评，坚决改正，一切正确的东西，都要支持，一切错误的东西，都要及时批评纠正，发扬正气，批判歪风邪气，不能是非不分，马虎迁就。

严明的纪律，就是在生产、建设各项工作中，必须实现集中统一领导。严格遵守各种规章制度、工艺纪律和劳动组织。凡是遵守制度、积极工作的，就要表扬鼓励；违反制度的，就应按照不同情况及时严肃处理，不能迁就姑息；在执行纪律时，应坚持原则，以说服教育为主，防止惩办主义。

当老实人是说老实话、做老实事的前提条件；说老实话、做老实事是当老实人的具体要求，"三老"作风，之见于言，为"说老实话"；付诸于行，为"做老实事"。两者结合起来，言行一致便是"当老实人"，就是表里如一、实事求是。

"三老四严"优良作风得到了几代党和国家领导人的充分肯定和高度评价。

1964年2月13日，在春节座谈会上，毛泽东主席发出了号召："要鼓起劲来，要学解放军，学习石油工业部大庆油田的经验，学习城市、乡村、工厂、学校、机关的好典型。"当老实人、说老实话、做老实事的"三老"作风就是大庆经验很重要的一条。

1977年7月21日，邓小平同志在中国共产党十届三中全会上，谈及学习毛泽东的建党思想时说："在延安中央党校，毛泽东同志亲笔题的四个大字，叫'实事求是'，我看大庆讲'三老'，做老实人，说老实话，干老实事，就是实事求是。"

1990年2月25日，江泽民同志在大庆油田视察时指出："这里到处洋溢着体现中国工人阶级风貌的大庆精神，这就是为国争光、为民族争气的爱国主义精神；独立自主、自力更生的艰苦创业精神；讲究科学、'三老四严'的求实精神；胸怀全局、为国分忧的奉献精神。"

2007年2月2日，胡锦涛同志在视察中国石油喀土穆炼油有限公司时指出："大庆'三老四严'的优良传统不能丢，要严格要求，严格带队伍，把大庆传统继承好。"

2009年9月22日，习近平同志在大庆油田发现50周年庆祝大会上的讲话中指出："大庆油田创造了'三老四严''四个一样'等一整套科学管理制度和方法，并形成了优良传统，保证了油田开发建设的顺利实施。"

2014年3月9日，习近平总书记在参加第十二届全国人大二次会议安徽代表团审议时，首次提出"严以修身、严以用权、严以律己；谋事要实、创业要实、做人要实"的"三严三实"重要论述。

2016年6月13日，习近平总书记作出重要批示："石油精神是攻坚克难、夺取胜利的宝贵财富，什么时候都不能丢。要结合'两学一做'学习教育，大力弘扬以'苦干实干''三老四严'为核心的'石油精神'，深挖其蕴含的时代内涵，凝聚新时期干事创业的精神力量。"

习近平总书记在2021年春季学期中央党校中青年干部培训班开班式上强调："要把做老实人、说老实话、干老实事作为人生信条，这样才能真正立得稳、行得远。"在庆祝建党百年华诞的重大时刻，在全党集中开展党史学习教育之际，习近平总书记又一次重申"三老"作风，用意深远，意义重大。

"三老四严"是大庆石油工人高度的主人翁责任感和科学求实精神的具体体现，是大庆油田文化融汇中华民族优秀文化传统最基本、最典型、最生动的概括和总结，在不同的时代背景下传承、升华，始终焕发着旺盛的生命力，一直是推动石油事业发展的强大力量。

四、执行岗位责任制的标准——四个一样

随着岗位责任制的推广，工人们严格执行岗位责任制，显现出高度的责任感，涌现出了许多严格执行岗位责任制的动人故事，形成了很多好的做法和经验。"四个一样"就是在这样的背景下产生的。

余秋里同志曾经指出："油田那么大，设备那么多，岗位那么分散，几万人从事生产活动，单靠干部督促、检查是管不过来的，只有大家都能自觉按制度办事，做到'四个一样'，制度才能落实，工作才能做好。"

岗位责任制在基层推广以后，从矿（大队）到指挥部机关也按照军队查岗、查哨的做法，建立了定期检查制。一到夜间，值班领导就到基层抽查工人执行制度的情况，有的还故意把工具藏起来，然后躲在农田里看工人如何处理，这种做法，有的领导起名为"明察暗访"。

执行岗位责任制表现最突出的是李天照所在的 5 排 65 井组。这个井组成立于 1961 年 7 月，刚投产时，井组同志对生产规律还不掌握，大庆原油又是"三高"（含蜡高、凝点高、黏度高）原油，气温一低就流不动，影响原油集输。由于设备简陋，在冬天，一到夜晚气管线和干线加热炉的放空阀门常常冻结，影响生产。一天清晨，工人周世亮去接李润纪的班，发现管线冻结了，李润纪说："这是老毛病，我有啥办法？"晚上，全井组的人聚在一起讨论，井长李天照问大家："为什么油井一样，干线回压也一样，白天上班从未发生过冻管线的事故，偏偏夜里问题接二连三地发生，特别是放空阀门经常冻结，这老毛病的原因在哪里？"这一问，大家七嘴八舌议论开了，有的同志检讨说："自己夜里值班累了，打瞌睡，执行制度马马虎虎，没有按时放空，因而造成了生产事故。"也有的同志反映情况说："白天人来人往瞧得见，值班人员能够按照规定做到一小时检查放空一次，所以没有出过差错。夜深人静，

五排六十五井组纪念碑

值班的人就从思想上放松了，往往做不到在规定的时间内检查和放空，这还不出毛病？"通过这么一议论，大家认识到，干工作只有黑夜和白天一个样，才能避免发生事故，保证油井正常生产。

5排65井是结蜡比较严重的井，一般迟一个小时清蜡，井筒结蜡就增加一些，时间越长结蜡越严重，不仅会影响原油生产，甚至还会发生掉刮蜡片事故。一次，周世亮上零点班。第二天一早，刘玉智踩着厚厚的积雪去接班。走进值班房，发现周世亮在工作记录本上写着："昨夜风雪太大，没有清蜡。"刘玉智一见很不高兴地说："不行，你不按规定清蜡，我不能接班。"周世亮不在乎地说："昨夜风雪那么大，我一个人忙不过来，你早晨清一下蜡，有什么了不起的？"结果两人争吵起来。这时，李天照也来到井上，问清原委后说："好吧！小周，你也先别下班，咱们一起清蜡，看看油井有没有什么变化。"说完，李天照、刘玉智和周世亮三人一起动手清蜡。平时，刮蜡片从井口下到井底，再起上来，只需一个小时，这次下刮蜡片却用了四个小时。这件事不仅对周世亮教育很深，而且使井组全体同志认识到了：不管刮风下雪，落雨打雷，都应该做到坏天气和好天气干工作一个样。

五排六十五井组第一任井长李天照

会战初期，原油从井口输送转油站，加热用的一种保温炉子叫"热风吹"。这种"热风吹"有一个弊病，就是风向对头时燃烧良好，要是风向一变，炉火就需要不断调节。否则，"热风吹"被风刮灭，就会变成"冷风吹"，造成管线冻结，原油停喷。为了解决这个问题，北八采油队队长白永岗亲自到5排65井组蹲点劳动，摸索经验。那一阵子周世亮和白队长一个班，于是他俩摸索加热炉规律：吹西风时开东边的进风口，吹东风时开西边的进风口；风大口小，风小口大。这样按自然条件改变"热风吹"的进风量，果然保证了加热炉的火没有熄灭现象发生。转眼半个月过去了，白队长离开了井组。这天夜里，周世亮值零点班，又是风狂雪大之夜，"热风吹"一次又一次被刮灭，小周点了这个灭了那个，气得他抬腿就往队里跑，边跑边骂道："这败家炉子净跟我作对，干脆找井长来解决吧！"他到了队里，叫醒井长，说明情况，李天照二话没说，拉着小周疾步赶到井场。此刻风更加厉害了，刮得人站都站不稳，可是李天照全然不顾，一个炉子一个炉子调整，终于点燃了所有的"热风吹"。管线温度正常了，原油在管线里哗哗地奔流，李天照笑眯眯地看着小周说："小周呀！我们干活要靠责任心，这个'热风吹'就不犯老毛病了。"一席话说得周世亮低下了头，急忙检讨说："井长，我知道错了。前几天白队长在我们井上，我为了表现，能够认真工作；这阵子，白队长不在我们井组，怕苦怕累思想冒了尖，有了困难就想上交。这说明我的工作目的还不够明确，有一种工作给领导看的成分。今后不管领导在不在场都要干工作一个样。"

刚建立岗位责任制时，会战工委为了让制度成为广大职工的自觉行动，每月25日都要组织检查团深入到井队、班组检查工作。由于开始时基础工作不牢，检查前几天，工人们白天黑夜连轴转，拼死拼活地争夺一类井站。检查一结束，就松了一口气，工作劲头不如以前，时间不长，油井上的低标准、脏乱差又出现了。针对这种情况，李天照组织大家讨论了好几次，认识到：发生问题的原因，除主观动机上有一种为应付检查而工作的错误认识外，另一个原因是没有把日常应做的工作纳入规章制度，基础不牢，突击不断。为此，他们重新健全了岗位责任制度，把大量的突击工作，化解为日常工作，经过试行，果然很有效。大家高兴地说："我们干工作，不管有人检查还是没人检查，都是一个样。"

由于李天照的率先垂范，5排65井组从投产以来，没有发生过一次大小事故，油井的各种原始记录和地质资料，经过66次检查，全部齐全准确；井场设备863个焊口和170多个阀门，没有一处漏油、漏气、漏水；4000平方米井场，平平整整，干干净净，没有一点油污；使用的大小工具无一损坏丢失；记录的上万个产量和压力等数据，经反复检查无一差错；油井长期安全生产，月月超额完成原油生产任务，始终保持"五好油井"称号。各级领导多次检查了他们的工作，发现这个井组的最大特点就是执行岗位责任制做到了"四个一样"，即对待革命工作要做到黑夜和白天干工作一个样，坏天气和好天气干工作一个样，领导不在场和领导在场干工作一个样，没有人检查和有人检查干工作一个样。

1966年五排六十五井组被评为"五好油井标杆"时建立的纪念碑

1963年6月19日,周恩来总理第二次到大庆油田视察,他来到了西油库,值班工人给总理做了装车表演。总理关切地问:"冬天和雨天怎么办?"工人们回答说:"坏天气和好天气一个样,坚守岗位,一丝不苟。"周总理极为高兴地说:"这是你们大庆人自己创造的严细作风,'四个一样'好,我要向全国宣传。"

邓小平同志先后两次视察过李天照井组。1961年他在参观完这个井组的一口井时询问了日产情况,上车后还自己计算年产油多少,然后说:"这是高产量的油井,是好油井。"1964年,他再次来到这口井视察时,让工人打开采油树阀门,看看喷油情况,并高兴地说:"你们管理得真好,我看了两次,出油都很好呀,你们要为社会主义出大力气,为国家争光。"

1963年底,中共中央东北局在大庆召开基层工作经验交流会。余秋里在会上介绍了大庆的工作,欢迎与会代表对大庆进行检查、指导。代表们用各种方法检查了大庆的工作,特别是岗位责任制的执行情况。除了会议安排的参观、检查外,还在会议安排之外进行了多次访问检查和突击检查。有的代表除了白天进行检查外,还在夜晚暗地检查,不是检查一两个点、一两次,而是多个点、好多次。经过这样明的、暗的多次检查,代表们普遍认为,大庆工人觉悟高,工作认真,经得起检查,坚守岗位、执行制度真正做到了"四个一样"。

多年来,5排65井组依靠传统教育,坚持"四个一样"不放松,不断强化责任意识、学习意识和奉献意识,使高度自觉的负责精神代代相传。从当年"一颗螺丝钉""压差计'穿'雨衣"到新时期的"雨中巡检不漏取一个数据""打封闭上岗不耽误一个班""在泥泞中坚持巡检不降低一次工作标准""连夜更换螺丝不留一点安全隐患",都是将"四个一样"优良传统代代相传的真实写照。先后涌现出李天照、潘凤歧两个石油工业部标兵和全国十佳青年岗位能手刘莉等模范人物,有100多名职工成长为领导干部和生产骨干,使"四个一样"作风得到发扬光大。

新时代，随着管理不断深化，5排65井组确立了精细地面管理、精准地下管理、精优人员素质、精专岗位技能的发展目标，在工作中形成了资料管理"三查四清"和设备管理"四到三交一挂牌"方法，提升管理水平。

由于油田开发需要，1988年7月26日，5排65井由油井转为注水井，又于2008年5月31日转为注聚井，2014年6月21日，经上级部门研究决定对该井实施工程报废。截至2014年6月21日，5排65井累计产油134万吨，注水1212万立方米，实现安全生产2万多天。

五、落实岗位责任制的方法——岗位责任制检查

岗位责任制是大庆油田特色管理的核心内容，是大庆油田企业管理的精髓，岗位责任制检查是促进岗位责任制落实的重要手段，是大庆油田的优良传统。

落实好岗位责任制，靠的是严格的执行，更要有常抓不懈的检查作保证。1962年建立岗位责任制，岗位责任制检查（简称岗检）作为一项重要的日常管理工作被提上日程，成为大庆管理的标志性内容。康世恩同志曾经指出，要以职工自检为主，不间断地进行总结评比，他强调，"对'岗位责任制'的执行情况进行定期的检查和评比，必须风雨无阻、一丝不苟，还要和开展劳动竞赛、安全生产、设备维护完好等挂起钩来，列为评比先进和奖励的重要条件，形成一个人人执行、天天教育、月月检查的局面"。岗检在不同的历史阶段采取了不同检查形式、频次和内容，促进了各项规章制度的执行，实现了"事事有人管、人人有专责、办事有标准、工作有检查"。通过岗检，岗位责任制日益深入人心，成为广大职工的自觉遵循，成为大庆油田发展的重要基石。

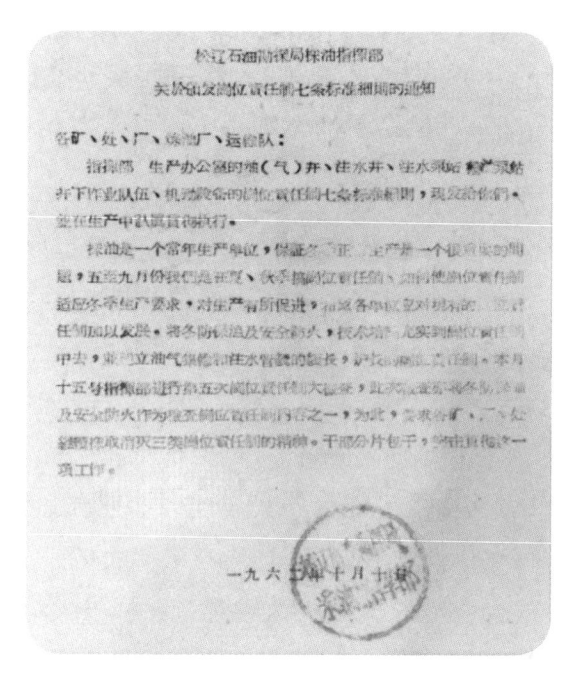

第一次岗位责任制检查七项标准

（一）岗检的时间和频次

岗检是为检验员工执行落实岗位责任制度情况而在全油田广泛开展的检查工作。1962年6月，大庆油田开始第一次岗位责任制检查。1962年6月至1966年上半年，坚持一月一检查，共组织进行了50次岗检；那段特殊时期岗检一度中断，到1971年2月恢复了岗检，变月度检查为季度检查；1975年到1985年，实行每半年一次岗检；1986年后岗检改为年度检查；2003年起，大庆油田将岗检作为日常工作进行检查；2019年开展新时代岗检后，实行常态化管理。截至2023年，岗检已进行了109次，有效夯实了油田管理基础工作。

（二）岗检的内容和范围

大庆油田根据油田开发建设不同时期的特点，相应地确定岗检内容，每次检查的主要内容都是根据不同时期的工作目标和生产中存在的主要问题而决定的，使岗检在各个时期都发挥了极其重要的作用。

1. 创建岗检模式（1962—1966年）

岗检是在会战工委的统筹组织下，各分系统指挥部组织成立检查团，会战指挥部机关处室根据实际情况参与；检查过程中采取基层自查、交叉互查、总团验收的方式，充分发挥干群积极性，做到人人参与、从严从实；检查后明确责任、逐级落实、限期整改、定期复查，确保问题整改到位。在第一次岗检中，采油指挥部以群众性的大检查、大评比、大找差距、大树样板，进一步提高生产管理水平为目的，制定油井、水井、站评比定类制度标准。从第4次岗检开始，会战指挥部紧密结合当时的形势任务，针对生产管理中存在的薄弱环节，在每次岗检中分别确定了冬季安全生产、"六大"（大参观、大总结、大检查、大评比、大促进、大提高）、"明、严、深、细"、设备保养、"反浪费、找差距、赶先进、赛五好"增产节约活动、"五好""四个一样""五级三结合"等一系列检查主题和重点，采取"看、听、问、摸、量、表演""五结合、五不走"等方式，进一步丰富了参观学习、干部蹲点、跟班写实、专题解剖、座谈总结等多种方法，有效指导了当时重点工作落实。

20世纪70年代岗位责任制检查

2. 恢复岗检传统（1971—1974 年）

这一阶段岗检一般采取分系统成立检查团、机关处室参与的方式开展，与一月一检查阶段基本相同。在当时特定环境和条件下，油田确定了"恢复'两论'起家、'两分法'前进基本功"、散失器材回收、抓好质量、"样板月"、提高物资管理水平、"防事故、保安全""大打注水之仗""三防四查"（防火、防爆、防冻、查思想、查制度、查漏洞、查隐患）等检查主题和重点。如，在第 59 次岗检中采用了检查与问题整改、制度修订、岗位练兵、经验交流"四个结合"的方法，以工人岗位责任制"六大制度"（1972 年将安全生产制纳入变为七大制度）为依据，掀起"大检查、大学习、大交流、大促进"的竞赛热潮。同时，丰富完善了夜查暗访的检查方法，并延续至今。

3. 调整岗检重点（1975—1985 年）

1983 年以前由大庆革委会、市政府组织，除检查油田生产场所外，同步对政府机关、市内辖区各方面工作开展检查。1984 年政企分开后，由大庆石油管理局组织，检查内容结合工人、基层干部和领导干部的"八、六、七"岗位责任制体系，采取设置检查总团（分团），通过宣传教育、自查整改、互检互查、总团验收和总结评比的方式开展，继续突出检查重点，特别是在 1979 年第 77 次岗检中，明确了贯彻中央"改革开放"精神，确立了"贯彻十一届三中全会精神"主题。历次岗检又分别确定了整顿加强企业管理、"三基"工作、"质量月、安全月、节能月""稳产五千万吨""增产节约""加快油田现代化""抓典型、树样板"等重点。

4. 升级岗检内容（1986—2004 年）

这一阶段岗检是在大庆石油管理局统一安排和要求下组织的。从第 101 次岗检开始成立岗检办公室，成为常设机构，专门负责岗检工作。2000 年大庆石油管理局和大庆油田有限责任公司分开分立后，自第 103 次岗检开始，由大庆油田公司组织。检查内容与生产安全、经营管理、质量效益等结合得更加紧密，以单位全面自查、专业分团重点验收、总团抽查的方式开展。检查前组织参加过20世纪60年代岗检的老同志对检查人员进行培训，提高检查素质持证上岗。创新专业对口学习、同步调研基层的方法，从以往的注重抓生产、抓安全、抓质量等逐渐升级为重效益、强管理、促落实，将质量、节能、计量、标准化、投资、采购、科技、依法治企等现代管理内容纳入岗检，先后确定了"双文明"建设、"抓管理、上等级、全面提高素质""争创国家一级企业""质量、品种、效益年""稳油控水""转机制、抓管理、练内功、增效益"、搞好"二次创业"，做好"三篇文章""规范管理文本""安全管理年""强三基、反三违、除隐患、保安全"等主题和重点。

5. 创新岗检举措（2019年至今）

这一阶段，大庆油田成立了岗检委员会及其办公室（简称岗检办），统一管理、统筹协调。每年初，按照上级最新要求和油田改革发展实际，确定当次岗检主题和若干方面的检查重点。大庆油田公司岗检办遵循岗检主题和重点，梳理检查需求、细化管理要求，形成并发布当次岗检计划和岗检标准。在经营管理领域，检查内容为对照政策、制度、流程、标准及管理人员岗位责任制，检查各级管理人员和技术人员在生产经营、处理业务、履行职责时的合规性、正确性、效率性，变查资料、重痕迹为查实质、重固化。组建集中岗检组，借鉴内控测试方法，以业务流程为"主线"，检查业务流程关键控制节点所涉及岗位，对于制度标准和岗位职责的执行情况和效果，变分项开展、交叉重复为流程主线、集中推进。在生产操作领域，分为各级干部检查（各级领导和机关工作人员前往基层对干群履职能力进行的双向审视和检查）、过程监督（安全环保日常监督和"项目制"联合检查）和工作成果检查三类。借鉴QHSE管理理念，对照《岗位标准化操作手册》，主要检查岗位员工应知应会、按章操作、工作成效等情况，重点关注数量质量、产量效益、成本控制、节能降耗、"三违"行为及干部员工履职能力等与生产安全紧密相关的内容。以"两册"为标准，看现场、问职责、找差异、验效果。针对员工履职能力，采取"一听二看三协商四总结"方法，听取岗位职责，同走巡检路线，开展双向交流，总结正反经验，推动转变作风、双向提升；针对作业过程，采取"四不两直"方式，以现场检查、旁站监督为主，适当采用远程视频监控、智能无感监督等手段；针对工作成果，采取资料调取、情况提问、效果验证等方法。通过加强岗位责任心建设、加强岗检人才队伍建设、加强考核激励机制建设、加强岗检信息化平台建设，实现岗检计划标准、查改剖析、曝光考核、统计分析的全过程在线管理，当场沟通、即查即录、不可更改、不能变通，有效推动双方减负，提升岗检质效。2023年，以"夯基础、促合规、强作风、保稳增"为主题的109次新时代岗检得到深度落实。特别是，中国石油天然气集团有限公司印发了《岗位责任制检查实施指引》，大庆新时代岗检成为模板范式在全集团推广，再次彰显了大庆管理品牌的价值与贡献。2024年，伴随大庆油田"第二曲线"的加速上扬，新时代岗检也进入了全面提质提效、扩大品牌效应的关键时期，以"提质效、促合规、强作风、保稳增"为主题的第110次新时代岗检工作在大庆油田上下全面铺开，岗检由"夯基础"升级为"提质效"，打造岗检效能"升级版"，目标是锻造发展韧性"强引擎"，支撑"一量+四率"持续上升，确保大庆油田高质量发展，标志着企业治理体系和治理能力现代化又迈出了坚实的一步。

（三）岗检的地位和作用

60多年的实践充分证明，岗检是检验岗位责任制落实及时性、有效性、规范性的一种科学的管理方法，促进了岗位责任制建立健全，有力保障了大会战的成功，成为"工业学大庆"的重要内容。

1. 推动了基础管理规范高效

岗检是一种群众性的自我教育，互相促进的好形式，是发动群众搞好生产，提高管理水平的好方法。通过开展岗位责任制检查，职工的思想觉悟越来越高，岗位责任心越来越强。通过加强制度建设来加强管理，使岗位职责根深蒂固烙印在职工心中，每一处细节都体现出人人高标准、事事严要求。1963年，在第8次岗检中，发现一些单位岗位责任制贯彻过于繁琐，针对这一情况，实行"八个统一"，为更合理、更有效贯彻岗位责任制打下坚实基础。那段特殊时期，在全国经济举步维艰的风浪中，岗检也在重创中暂停，通过恢复岗检在内的各项检查制度，强力支撑了油田生产建设。新时期，大庆油田不断赋予岗位责任制检查新的形式和内涵，以"两册"为依据，以强化执行为核心，以基层岗位为重点，积极探索岗检新方法，将"发现问题、加强管理、改进作风"作为主线，强化制度执行和作风转变。在每年围绕"全年重点工作、管理重要环节、安全重大问题"集中进行一次岗检的基础上，构建起检查常态化、组织自主化、内容体系化、方式简约化和运行信息化的岗位责任制检查体系。通过明确岗检的方式，突出岗检的内容，强化岗检的效果，实现了岗检与生产管理全方位覆盖、全过程融合、全员性参与，持续发挥岗检在日常管理中的作用，促进基础管理更简约、更规范、更高效。新时代岗检启动以来，大庆油田将岗检与全面贯彻习近平总书记重要指示批示精神、党的二十大精神等相结合，与普及推广"两册"管理相结合，与全面加强企业党的建设相结合，紧紧扭住"落实岗位责任制、强化岗位责任心"这个破解管理难题、突破管理瓶颈的"牛鼻子"，坚持"四个统一"，搞好"三个强化"，落实"三个保障"，以一流的管理、一流的作风创造一流的业绩，让岗检焕发新活力，推动新发展。

2. 营造了比学赶帮浓厚氛围

通过开展岗检，大庆油田每年都树立一大批先进典型，并通过组织交流学习和开展"比、学、赶、帮"竞赛，形成了比学赶帮超的热潮，促进了整体管理水平的提高。一是老典型不断创新。会战时期油田就涌现出了"三老四严"发源地中四采油队、1205钻井队等典型和样板。在岗检中，这些典型不断总结经验，按新形势新要求改进工作，使管理水平持续提高，树立了学习榜样。二是新典型迎头赶上。榜样的影响力是不可估量的。通过岗检总结，广大干部职工看到了自身工作中存在的差距，积极向老典型学习，强化了典型引领作用，形成了后进赶先进的生动局面。经过学他人之长，并不断发展和完善创新，自身管理水平明显提高。三是解剖反面典型。在岗检中，把解剖反面典型作为一项内容来抓，公开解剖和处理一些较低水平、不思进取的反面典型，既促进了反面典型工作的改进，也给其他单位起到提醒和督促作用。新时代以来，大庆油田通过岗检，优选出各专业站队的标杆，并以点带面，带动基础管理工作全面提升，为当好标杆旗帜，实现高质量发展筑牢管理根基。

3. 提升了干部工人能力素质

会战时期，会战工委对工作标准提出了更高的要求，但参加会战的职工中有一半以上是解放军转业战士，他们政治素质好，却缺乏对石油的了解，技术水平普遍比较低。后来的新增成员中也普遍存在着本领不全、不熟、不硬的现象。岗位责任制检查有效发现因技术本领不足而产生的问题，推动群众性岗位练兵工作的开展，培养队伍练就"三套本领、四套硬功夫"，即掌握地质本领、钻井本领和油田建设本领，在机器上过得硬、在操作上过得硬、在质量上过得硬、在复杂情况面前过得硬。会战职工的生产积极性和创造性，迅速转化为岗位练兵的热情。他们从生产实际出发，干什么、学什么、缺什么、补什么，学练结合，学用相长，练思想、练作风、练技术，"人人出手过得硬"成为每一名职工岗位练兵的目标。新时期，大庆油田在加强基本功训练的基础上，倡导全员学习、终身学习的理念，在培训上引入竞争和激励机制，为员工成长搭建平台，员工实践能力、创新能力得到大幅提升，涌现出一大批为企业发展建功立业的一线技术能手和岗位明星。实施了"一二三四"岗检法，从规范最基础的岗位操作开始，从遵守最根本的岗位制度做起，将"两册"中岗位"应知应会"内容固化为工作职责卡、工作内容图和风险隐患清单，形成"操作—检查—发现问题—解决问题—形成新的更加适合的岗位规范"的良性循环，让"四条要求""五项措施"真正在基层落地生根，持续提升干部工人的能力素质。

4. 树立了率先垂范干部形象

1964年8月10日，大庆会战工委发出关于干部参加集体生产劳动，实行"三定一顶"的决定。通过干部参加劳动，管理工作和工作作风显著改进。各级干部切实把好作风体现在服务稳产、服务基层、服务员工的实际行动中，为基层解难题、积极主动服好务。大庆会战工委在1964年8月下旬的扩大会议上，通过总结会战几年来发扬艰苦奋斗精神、干部参加劳动、领导亲临前线指挥生产、蹲点调查的好处后，制定了领导干部"约法三章"，各级领导班子成员下沉至一线班组，明确具体联系单位，了解掌握服务联系单位的生产任务、指标完成等情况，收集整理服务联系单位的意见、建议，帮助总结经验、分析问题、研究对策、解决问题，做到干部下沉一层，基层水平就提高一层。

新时代新征程，大庆油田始终坚持从职工中来、到职工中去的优良传统，紧紧抓住"关键少数"，各单位主要领导和班子成员不断提高站位，进一步加强对新时代岗检工作的重视程度，采取班子学习、专题培训等多种形式，深入学习历史上岗检的优良传统和新时代岗检的创新内涵，率先垂范、亲自部署，面对面了解基层所想，点对点回应基层关切，在推动基层岗检提档升级中，展现了油田各级干部忠诚担当、勤勉敬业的良好形象。

第四章　岗位责任制的发展

经过 60 多年的发展完善，岗位责任制从无到有、从少到多，由点及面、由面到体，逐步实现体系化，成为具有石油特点、大庆特色的管理体系。

一、建立工业企业管理雏形

工业企业管理指企业的领导者和全体员工，为了充分公开利用各种资源，保证整个生产经营活动的统一协调，实现企业管理任务，达到提高经济效益的目的，而进行的决策、计划、组织、控制、激励和领导等一系列综合性活动。油田开发建设初期，通过检查动员，充分贯彻党的群众路线，干部员工全员参与，自觉检查暴露问题，自我教育提升责任心，有力促进"三老四严""四个一样"等优良传统养成习惯，形成作风；通过检查实践，有序建立健全了岗位责任制，不断修正完善，确保符合实际、切实可行；通过检查督促，聚焦工作中的主要矛盾，明确主题重点，集中力量打"歼灭战"，有效保障了地质勘探、产能建设、安全生产等重点工作落实落地，为1966年油田上产1000万吨夯实了管理基础，彻底摘掉了我国贫油帽子。1966年3月3日，中央工交政治部、国家经委在北京召开全国工交政治工作会议，通过了《1966年工业交通工作纲要》，第一次提出了"大庆式企业"的概念，把"科学严密的社会主义企业管理制度"作为"大庆式企业"的六条标准之一。会议要求第三个五年计划要有20%的企业达到"大庆式企业"，随着会议的推动，大庆的工业发展模式在全国得到推广，大庆管理走向全国，成为中国工业战线的一面旗帜。

二、重拾岗位责任制传统

在那段特殊时期，部分同志对原有的规章制度一度采取了否定的态度，"制度无用论""唯条件论""抓制度危险论""岗位责任制是资产阶级管卡压"等错误言论盛行，岗位责任制的执行出现滑坡现象，管理秩序遭到破坏，油田开发形势趋于恶化。1970年3月18日，周恩来总理作出"大庆要恢复'两论起家'基本功"的批示，在石油工业部工作组的指导下，大庆油田领导干部陆续恢复了工作，迅速行动起来，讲传统，讲作风，全面恢复并坚持岗检优良传统，重拾了岗位责任心，完善了岗位责任制，推动了大庆人心不散、责任不丢，经历过会战考验的干部、工人说："可以砸掉墙上的岗位责任制，抹不掉我们心中的岗位责任制。"大庆油田迅速稳住了生产形势，奋力扭转被动局面，用"四个大干"（大干社会主义有理、大干社会主义有功、大干社会主义光荣、大干了还要大干）巩固和发展了石油会战成果，高举并捍卫了大庆红旗。1973年，大庆组织了开发喇嘛甸新油田的会战，几万职工支起帐篷大干，98天产出原油，用20个月时间建成了年产800万吨的生产能力，到1974年，大庆油田原油产量突破4000万吨，有力支持了国民经济的恢复与巩固。同年，国家经委在天津召开了"工业学大庆"经验交流会，大庆旗帜高高飘扬。

三、坚持市场化改革方向

1975年1月，周恩来总理在《政府工作报告》中提出，要在20世纪内把我国建设成为社会主义现代化强国，要求各部门各企业讨论制订自己的规划。石油工业部确立了全国石油产量迈上1亿吨大关的目标，要求大庆论证产量能否上5000万吨。大庆油田提出了"稳产十年，高产五千万"的战略目标。十一届三中全会后，为了更好贯彻中央"调整、改革、整顿、提高"的八字方针，落实工业生产经济责任制精神，大庆油田将政治任务、产量目标和经济责任统一起来，把岗位责任制和经济责任制结合起来，以目标管理为手段，推动大庆油田由生产型向生产经营型转变。这一时期，岗位责任制体系逐步完善，由注重"生产过程、生产操作"向注重"效果、产量、质量、利润"等企业经营管理成果转变，推动了经济、质量、节能"三个体系"建立健全和落地执行，干部员工生产积极性、经营主动性、发展活跃性被前所未有地激发，全面拉开了5000万吨以上连续27年高产稳产的序幕。1975年，国务院成立了"工业学大庆"办公室。同时修订"大庆式企业六条标准"，并把这个修改稿转发全国。"大庆式企业"标准，概括起来就是："坚持社会主义方向，有一个坚强的领导核心，有一支能打硬仗，有'三老四严'作风的职工队伍，有一套符合生产要求的科学管理制度。科技不断有新成果，全面完成国家计划技术经济指标达到国内先进水平，安排好职工生活。"

到1979年底，全国县属以上企业建成1万多个"大庆式企业"，1978年全国工业产值达到3200亿元，1980年达到3500亿元。大庆管理模式的推广，对于提升我国工业企业素质、促进工业经济发展起到了不可替代的推动作用。

四、探索新型工业化道路

随着改革开放不断深入，党中央对国有企业管理提出了新的更高要求。大庆油田坚持与时俱进，积极适应国家由计划经济向市场经济转轨的大环境，积极适应管理科学发展演进的大潮流，积极适应"走出去"带来思想观念的大碰撞，开始建立现代企业制度。1987年，大庆油田实行了内部承包经营责任制，保证油气产量、油田管理、稳产期限、经济效益等指标的落实；进入90年代，在生产管理中积极应用现代化管理方法，推行"全面质量管理""ISO9000质量体系认证""计量管理""标准化管理""制度文本化"等工作，进一步促进岗位责任制向规范化、定量化、标准化方向发展；2000年，大庆油田完成了公司制改制，完善了内部经营责任制，通过岗检推动了以经济效益指标、营运类与组织类指标为中心的经营指标体系运行。岗位责任制经过逐渐完善和有效实施，为现代企业建设固本夯基，强力支撑5000万吨以上连续27年高产稳产，创造了世界同类油田开发史上的奇迹，满足了国民经济持续快速发展的需求，为国家工业化大发展提供了坚实的能源保障。1995年，在国务院举办的"中国500家最大工业企业评价"中，大庆石油管理局位居全国500家最大企业之首。2004年，大庆油田被国家统计局评为中国工业企业1000大排行榜榜首，有效探索了新型工业化道路，代表了中国工业经济发展的主导力量。2005年后，随着内部控制、QHSE等体系的逐步建立，生产、安全、财务等专业检查范畴不断扩大，逐步采取"三基"工作考核、内控测试、内部审计、合规监督、生产检查、安全监督等多种形式，推动生产管理全面提升。

五、打造大庆管理新范式

进入新时代，岗位责任制得到持续深入落实，这既是贯彻习近平总书记致大庆油田发现60周年贺信重要指示精神的重要实践，又是落实中国石油天然气集团有限公司推进公司治理体系和治理能力现代化的重要举措，更是构建大庆油田"四位一体"岗位责任制综合管理体系的重要保障。以新时代岗检为抓手，聚焦"四条要求""五项措施"，持续唤醒传统意识、大力弘扬严实作风，强力推动践行岗位责任心、落实岗位责任制，实现事事有责任人、岗岗有责任制、人人有责任心、项项有严检查。新时代岗检工作修改完善各类制度、优化业务流程，更新升级"两册"，同步开展对标提升，每年召开岗检总结表彰会议，宣传推广各层级、各领域的典型经验和特色做法，持续带动整体提升。2020年，"基于推动高质量发展的新时代岗检创新实践"被评为中国石油天然气集团有限公司管理创新研究与实践优秀项目；2021年，大庆油田被选树为集团公司对标管理提升标杆企业；2022年，新时代岗检工作经验以中国石油天然气集团有限公司专业部门简报形式发布,并被列入集团公司《关于进一步加强"三基"工作的指导意见》重点工作之一。近年来,塔里木、华北、青海等油田多次来大庆油田调研学习新时代岗检做法和经验。

第五章　岗位责任制的作用

　　岗位责任制形成于大庆石油会战时期，是大庆石油人学习运用马克思列宁主义、毛泽东思想，继承发扬中国共产党、中国工人阶级和中华民族伟大精神的智慧结晶，是大庆油田管理的核心内容和宝贵的精神财富。岗位责任制和与之紧密配套的岗位责任制检查，是工业企业管理制度的一项创举，不仅开启了大庆油田制度化管理的新阶段，而且对推动全国工业企业健全基础管理体系，建立符合现代工业实际的科学管理制度，提高管理素养起到了积极促进作用，在大庆油田、石油工业乃至我国工业化进程中都发挥了不可替代的作用。

一、岗位责任制是企业管理的重要基石

企业强大的执行力要依靠规范的制度和流程。岗位责任制究其根本是一项管理制度，是要求成员共同遵守、按一定程序办事的规定动作和行为准则。通过执行岗位责任制，方方面面的基础管理工作得以落实和加强，从根本上支撑了企业生产经营活动，不仅是改革创新和提质增效的动力源泉，更是企业发展行稳致远的重要基石。

（一）把岗位责任制作为一种原则来遵循

油田开发工作本身就是一个庞大的操作系统，从钻井、射孔、压裂，建站、铺线、安装，到投产、看护、巡检，分析、判断、处置，再到运行、维修、调整等环节，岗位责任制作为根本管理制度，便是这个操作系统的"CPU"，是企业管理的基本内核，把各项专业管理制度对应到相应岗位上，做到事事有人管、人人有专责、办事有标准、工作有检查。以岗位责任制为核心的管理制度和以岗检为保障的运行机制，有力促进了油田各个时期发展战略的实施。制度是对规律的总结，履行制度就是遵循规律办事，做到思考筹划工作坚持以制度为指导，组织指导

干部员工始终铭记刮蜡片的故事

工作坚持以制度为依据，解决实际问题坚持以制度为武器，检查衡量工作坚持以制度为标尺。大庆石油会战承载着党和国家的重托，担负着石油工业发展的重任，是在困难的时间、困难的地点、困难的条件下，为了解决国家缺油的燃眉之急的背景下开展的。岗位责任制的产生，岗位责任制检查的开展，使工业化大生产的管理制度健全，岗位职责清晰，施工作业有序，生产组织严密，实现了安全、文明、高效生产，多快好省地建成了大油田。

（二）把岗位责任制作为一种责任来履行

回顾大庆油田开发建设，参战队伍"千军万马"，工作开展"千头万绪"，安排事务"千丝万缕"，管理提效"千方百计"，无不是靠岗位责任制这一条线"穿起来"，通过把各项专业管理制度环环紧扣地分解到相应岗位上，给每个人规定出具体的任务，约束相互作用的人、事、岗分工协作，有机联系，构建了"事事有人管、人人有专责、办事有标准、工作有检查"工作质量管控的循环模式，为大庆油田持续高产稳产和我国石油工业迈入制度化管理轨道，发挥了重要作用。执行岗位责任制的严格程度已经成为油田基础工作水平的重要体现。为更加规范化、系统化丰富岗位责任制的内容和点项，大庆油田推行了适用于基层管理人员的《基层队（站）管理手册》和适用于操作工人的《岗位标准化操作手册》，在基层初步实现了同类业务统一制度、统一流程、统一标准、统一表单、统一考核的"五统一"，固化管理者的职能、权力和操作者的职责、义务，覆盖全部岗位，实现了管理无死角。同时，油田推进"三化"管理，即管理的标准化、专业化、信息化，赋予岗位责任制新内涵，促进了企业科学管理再上新台阶。进入新时期，为积极适应推进高质量发展新要求，油田开始"两册"新载体的探索，使岗位责任制在管理体系中持续释放新动能。

（三）把岗位责任制作为一种素质来培育

为保证岗位责任制有效执行，坚持一手抓检查、一手抓教育。抓检查，就是开展岗检，形成天天教育、人人执行、月月检查的局面。从1962年正式建立岗位责任制，大庆油田就同步开展岗检，通过大检查，岗位责任制日益深入人心，成为广大干部职工的自觉遵循。从2003年起，大庆油田将岗检融入日常工作检查，使岗位责任制得到了有效落实；2019年，大庆油田正式启动新时代岗检；为深入学习贯彻党的二十大精神，遵循中国石油党组"四个坚持"兴企方略和"四化"治企准则，落实油田抓好"三件大事"战略部署、"一稳三增两提升"奋斗目标，促进严实作风"十要"标准和"三化"机制落地执行，大庆油田以"夯基础、促合规、强作风、保稳增"为主题，启动第109次新时代岗位责任制检查，同时总结表彰第108次新时代岗检取得的重要成效。抓教育，就是突出岗位责任制的灵魂是岗位责任心，通过明确作风要求，坚持抓生产从思想入手、抓思想从生产出发，使数以万计的职工能够在岗位分散、单兵作战、昼夜施工、无人监督的情

员工自觉执行岗位责任制，顶风冒雪完成巡检任务

况下自觉从严，真正把岗位责任制落到实处。大庆油田始终坚持把责任心培养作为思想落实的手段。同时，通过传统教育与现代管理相融合，全力打造新时代"四位一体"岗位责任制综合管理体系，提出了新时代履行岗位责任、弘扬严实作风"四条要求""五项措施"，形成了"事事有责任人、岗岗有责任制、人人有责任心、项项有严检查"的管理生态。正是这种制度的严格规范，锻造了油田上下严细务实的良好风尚。

二、岗位责任制是大庆品牌的独特标志

作为石油系统基层管理的重要基础工作，岗位责任制是石油职工集体智慧的结晶，是工人阶级主人翁精神的生动体现，是建设社会主义企业的宝贵精神财富，是大庆精神与科学精神相结合在油田管理上的体现，充分展示了石油人实践的观点、发展的观点，反映了石油特点、中国特色，体现了大庆人紧跟管理、科学发展、勇立潮头。

（一）倡导科学的价值标准，锤炼高尚的意志品质

从发现大油田、组织大会战开始，大庆油田提出并始终坚持用"两论"指导油田开发，注重总结经验，发扬优点，克服缺点，也正是从开发实践和生产矛盾中，创造了以岗位责任制为主要内容的生产管理制度。岗位责任制形成了完整的体系，包含了自我约束、恪尽职守、勤勉敬业、爱岗奉献等价值内核，是一种有利于发展社会生产力的价值标准，是对员工道德人格的形成、价值取向的确定、实践行为的养成等方面产生规范引导作用的正向表现，潜移默化地强化员工的担当意识和规范意识，增强员工的能动性，规范员工的行为，提升员工的精神境界，完善员工的人格，培育员工的优良作风，提高员工的素质能力，使员工在工作中自觉遵守各项规章制度，主动践行自身责任使命，逐渐养成实

事求是、踏实肯干、认真负责的工作态度。特别是在克服困难和处理问题过程中，自觉调整心态，坚定克难求进，价值追求逐步趋于一致，实际行动逐渐形成合力。通过一系列目标和目的明确的高级精神活动，满足员工以正确的价值取向在社会生产实践中升华人格、完善自我、实现价值的道德需求，真正实现了精神形态向实践形态的转化，促使员工发自内心地维护整体利益，树立社会主义、集体主义的道德原则，提升整个群体的意志品质和自律精神。

（二）培育"铁人式"员工的重要抓手，打造新时代的英模群体

为了维护生产秩序，需要建立一套调整人与人、人与生产之间的行为规范体系，对人的行为形成特殊引导和约束作用。油田干部员工经过生产实践，不断摸索、总结出的加强油田生产管理的基本经验，成了保证油田开发高水平和油田生产安全的根本措施，是使开发方针转化为生产力的有力保证。传承岗位责任制正是从个体创造到群体认知、从个体发展到群体覆盖的过程，其育人优势始终持续发挥作用。在大庆精神铁人精神的熏陶下，大庆油田先后涌现出一代又一代思想品德高尚、作风能力突出、素质技能过硬的优秀劳动模范和群体典型，从铁人王进喜到"新时期铁人"王启民；从会战时期"五面红旗"（王进喜、马德仁、段兴枝、薛国邦、朱洪昌）到"新时代铁人式标兵"，以及严格执行岗位责任制"三老四严"的中四采油队、"四个一样"的"李天照井组"等先进群体，掀起了做事有规范、学习有榜样的热潮。不同时代有不同时代的典型，不同领域有不同领域的模范，不同层面有不同层面的代表。无论集体建功立业，还是个人成长进步，无不凝聚着恪守岗位责任制的力量。进入高质量发展新阶段，岗位责任制仍然具有锤炼队伍、塑造品牌、凝聚力量的优势作用，为实现"当好标杆旗帜、建设百年油田"提供了人才支持。

师徒攻克技术难题

（三）赓续精神的有力实践，铸造过硬的品牌力量

作为国有特大型石油企业，大庆油田不仅为国家创造了巨大的物质财富，而且创造了"大庆精神"和"大庆经验"，打造出品质过硬的"大庆品牌"，走出了一条具有中国特色的社会主义石油工业发展道路。"大庆品牌"内涵丰富，"品牌标志"特征显著，其中蕴含着"我为祖国献石油"的理想信念，肩负着"这困难那困难，国家缺油是最大的困难"的责任使命，满怀着"宁可少活二十年，拼命也要拿下大油田"的豪情壮志，弘扬着"超越前人、超越权威、超越自我"的拼搏精神。创立并长期执行的岗位责任制，是大庆石油会战成功的保证，同样作为大庆经验、会战传统，为"大庆品牌"标注了显著标志，成为大庆经验的标志性元素。1964年，毛泽东主席发出"工业学大庆"号召。同年，周恩来总理在上海发表推进"工业学大庆"的讲话，他说："学大庆要实事求是，有干劲、讲科学；要学习大庆的精神和主要经验，树立本地区、本单位自己的先进典型，把学大庆运动普遍、深入、持久地开展下去。"在大庆油田发现50周年之际，习近平同志对大庆管理模式和管理经验充分肯定，岗位责任制始终沐浴着党和国家的亲切关怀。2011年7月，壳牌公司董事会考察大庆油田，首席执行官傅赛高度评价大庆的岗位责任制，称"岗位责任制把人的因素放到非常高的位置，值得壳牌公司学习"。随着油田生产规模扩大和管理模式改变，岗位责任制不断得到完善和提高。

站在新的历史起点上，岗位责任制仍然是大庆油田企业管理的精髓，是弘扬严实作风的着力点，是赓续大庆精神、锤炼铁人队伍的重要抓手，是推进高质量发展的基石。

三、岗位责任制是石油工业的推动力量

纵观油田发展历程，岗位责任制的建立为开发建设创造了制度条件，使广大劳动者真正成为企业的主人和生产资料的主体，这是劳动关系的根本变革，也是工人力量的积极凸显。这项制度把各方面智慧和力量凝聚起来，形成干部工人心往一处想、劲往一处使的强大合力，在助推石油工业蓬勃发展的实践过程中，不断自我完善，被赋予强大的生命力和巨大的优越性。

（一）顺应形势任务的价值体现

一个企业选择什么样的管理制度，是由其企业文化、生产性质、经营水平决定的，是由其员工主体决定的。岗位责任制是一个不断发展完善的过程，始终根据形势变化进行调整，适应各个时期的发展需要。它的生命力，就在于它符合石油行业的生产实践，是一套行得通、真管用、有效率的制度，既真正有效又得到员工拥护。"好制度"不是天上掉下来的，而是在石油工业发展的沃土中生长起来的，是经过长期实践且不断自我完善形成的，是理论创新、实践创新、制度创新相统一的成果，凝结着员工群众的智慧。会战时期，随着岗位责任制的建立和逐步完善，油田基础工作、生产管理呈现出更扎实、更受控的良好气象。大庆油田执行岗位责任制的典范及做法，得到行业关注和肯定，"李天照

井组"首创"四个一样",被当时的石油工业部命名为"首创执行岗位责任制四个一样的模范井组"。1963年,"四个一样"被写入《中华人民共和国石油工业部工作条例(草例)》,在全国石油系统贯彻执行。

(二)推进企业治理的生动实践

岗位责任制管不管用、有没有效,实践是最好的试金石。《大庆油田开发年鉴(第2卷)》记录到:"油田地下岗位责任制度是管好油田的根本制度,通过贯彻执行油田地下岗位责任制,使油田工作人员做好一切工作都要从地下出发,立足于地下。它使大量的、具体的、每一件地下工作都有人管,都落实到人头上,使采油、油田地下工作都有固定的岗位和明确的责任,干什么工作都有具体的标准,做到更好地贯彻党对油田的开发政策,达到管好地下,管好油田,提高原油采收率的目的。"此后,在全国其他油田勘探、开发建设过程中,大庆油田不仅在技术、设备、人才上给予新油田支持,而且还把大庆油田执行岗位责任制的好传统、好作风传播到全国石油系统,促进了管理水平提升,夯实了开发建设基础,为胜利、大港、辽河、华北等油田的开发建设贡献出强大的推动力量。党中央多次转发会战经验,1977年召开了全国"工业学大庆"会议,全国先后有125万人次到大庆访问。以岗位责任制为核心内容,有力推动了工业企业制度化科学化进程,形成了新中国成立后首创的符合工业化大生产要求的管理制度体系,有力促进了后续油田的开发建设,走出了一条独立自主、生机勃勃、有中国特色的石油工业发展之路。

(三)成就原油稳产的坚实根基

大庆油田开发建设60多年,创造了世界罕见的奇迹。早在20世纪60年代,1205钻井队和1202钻井队就双双创出年钻井进尺十万米的世界纪录,超过了美国的王牌队和苏联的功勋队,为国家争了光,为民族争了气。

20世纪80年代，为落实石油工业部"五包"产量包干任务，先后推行了企业经济责任制、内部承包经营核算制、内部模拟市场制，不仅调动各方积极性，而且有力推动了企业由生产型向生产经营型的转变，强力支撑了五千万吨稳产十年、再十年战略目标的实现，满足了国民经济持续快速发展对能源的需求。

油田开发建设60多年来，始终走的是一条自主研发、原创应用、世界领先、系统配套的科技发展之路。从发现大庆油田过程中的地球科学工作获得国家自然科学奖一等奖，到长期高产稳产的注水开发技术和高含水期"稳油控水"系统工程、高含水后期持续稳产技术、高含水后期四千万吨以上持续稳产高效勘探开发技术，先后三次获得国家科学技术进步奖特等奖，大庆油田的科技创新成果已经与"两弹一星"等重大科技成果一道载入科技发展史册。2007年，大庆油田被授予首届"中国工业大奖"，这是我国工业领域的最高荣誉。

（四）赋能行业发展的推动力量

会战时期，岗位责任制使工业化大生产的岗位职责清晰，施工作业有序，生产组织严密，保证了石油会战成功，有力推动了石油工业的快速发展，大庆油田成为全国财税上缴最多的企业。随着油田生产方式、工艺流程、油井管理发生了很大变化，岗位责任制也在与时俱进，不断完善、提高，以适应新的发展变化，贴合新的管理实际，为保证原油持续高产、阶段稳产、控制递减打下良好基础，发挥着巨大作用。

党的十八大以来，石油企业以习近平新时代中国特色社会主义思想为指导，运用现代经营管理理论、方法和手段，不断推进以岗位责任制为核心的管理体制和运行机制改革，构建了具有石油企业特点的公司治理体系和制度框架。同时，赋予岗位责任制新内涵，通过坚持问题导向和目标导向有机统一，瞄准石油行业发展中亟待解决的重要问题，着眼战胜前进道路上的各种风险挑战,执行好岗位责任制、为企业发展注入强大动力。2022年中国石油领导干部会议明确了强化以"三基"工作为核心的基层基础管理,加强以岗位责任制为中心的基础工作。中国石油党组在《党领导新中国石油工业的历史经验与启示》中对岗位责任制等优良传统予以高度肯定,提出坚定不移弘扬的明确要求。

第六章　新时代传承岗位责任制

　　岗位责任制是行动的标尺，是红色的基因，也是根植内心的情怀。石油会战年代，岗位责任制诞生于大庆油田第一采油厂，新时代弘扬岗位责任制优良传统更要从第一采油厂"出发"。在发展道路上，第一采油厂继承不守旧、创新不丢根，不断培育全员高度的岗位责任心，不断赋予岗位责任制新内涵，回答了新时代岗位责任制"往哪走""怎么走""怎么才能走得好"的历史之问、时代之问、实践之问。

一、新时代传承岗位责任制的重要意义

岗位责任制和与之紧密配套的岗位责任制检查在石油工业历史坐标中孕育、生长、绽放，其精华要义是"严""实""干"，鲜明特点是实事求是。岗位责任制作为一种职业情操和精神风貌，是大庆油田优良传统的传承，是时代精神的体现。其严实作风的根本遵循与党的光荣传统、优良作风一脉相承，其实事求是的思想基础与党的理论、习近平新时代中国特色社会主义思想同心同向。习近平总书记强调："真正实现社会和谐稳定、国家长治久安，还是要靠制度。"进入新时代，大庆油田把弘扬优良传统贯穿于企业发展全过程，始终牢记党赋予国有企业的神圣使命，强化岗位责任制优良传统的坚守、传承和创新，在全面建设社会主义现代化国家，实现中华民族伟大复兴征程中，牢记"能源的饭碗必须端在自己手里"的责任使命，胸怀"国之大者"，志存高远，坚守政治本色不变、优良传统不丢、奋斗精神不减，将岗位责任制融入党中央擘画的宏伟蓝图中，融入建设基业长青、世界一流企业的历史使命中，运用制度优势、文化优势应对风险挑战，跑好新时代大庆石油人的接力棒。

新时代传承岗位责任制是落实听党话、跟党走，赓续红色血脉的必要举措。60多年来，大庆油田所作出的历史性贡献得到了党和国家的充分肯定和高度评价。无论是"工业学大庆"全国推行岗位责任制，还是油田发现50周年之际，习近平同志对大庆管理模式和管理经验的充分肯定，岗位责任制始终沐浴着党和国家的亲切关怀。2016年，习近平总书记参加全国"两会"黑龙江代表团审议时指出：大庆就是全国的标杆和旗帜，大庆精神激励着工业战线广大干部群众奋发有为。沿着习近平总书记指引的方向，永葆政治本色，坚定扛起新时代履行岗位责任制的重要责任，深刻领悟60多年来大庆油田管理实践的重要启示，全

面领会新形势下苦练管理内功的重要意义，以党的创新理论指导岗检生动实践、推动管理提升，就是落实习近平总书记的殷切嘱托。

在大庆油田发现60周年之际，习近平总书记发来贺信，充分体现了以习近平同志为核心的党中央对大庆油田的关怀。习近平总书记关于中国石油和大庆油田的多次重要指示批示，为油田当好标杆旗帜、建设百年油田提供了根本遵循和行动指南。感悟领袖关怀，赓续红色血脉，汲取奋进力量，肩负起当好标杆旗帜、建设百年油田的重大责任。岗位责任制是时代产物，是企业管理的成功探索。60多年来的一脉相承和创新实践表明：岗位责任制是夯实管理基础实现战略目标的关键保障，是完善治理体系的强劲引擎，是驱动管理提升的科学方法。在前进的道路上，传承新时代岗位责任制，持续扛起绝对忠诚的标杆旗帜，续写时代篇章，这是大庆油田把握新发展阶段、贯彻新发展理念、构建新发展格局的政治担当。将老传统与新挑战相匹配，对标立标上水平，让广大干部员工在传承优良传统中，深刻感悟符合现代化工业实际的科学管理，是保证生产有序进行，建设世界一流现代化百年油田的基础保障。让今天的岗位责任制成果，再次成为后人坚持和发扬的优良传统。

新时代传承岗位责任制是抓好"三件大事"，推动高质量发展的必要保障。抓好"三件大事"是油田立足新时代发展阶段，紧扣高质量发展主题，加强战略谋划的重大部署，并把弘扬严实作风作为价值标准之基。企业最大的危机不是来自外部，而是来自内部，根源在于干部员工的责任感缺失、奋斗激情衰减。新时代岗检作为推进"三件大事"的重要抓手，就是要让干部员工认识到落实岗位责任制就是继承发扬"三老四严""四个一样"优良传统，就是遵循落实"四条要求""五项措施"，就是让严实责任心贯穿于企业管理实践全过程，解决干部员工队伍中存在的一些亟待解决的问题，凝聚担当作为的正能量，提振干事创业的精气神。当下，石油企业面临内外部能源变局和发展大势考验，油田开发、生产运行、提质增效、管理提升、安全环保等方方面面的实践需要干部员工作风硬起来,士气鼓起来。岗位责任制在"实事"中诞生,在"求是"中发展,严实是大庆精神铁人精神的精髓要义,以"三老四严"为核心的会战优良传统,源于严,见于实。从提出弘扬严实作风,到"四条要求""五项措施",再到新时代岗检的启动,其注解就是唤醒严实作风好传统,推动岗位责任制再升级、再实践。大庆油田继承优良传统,锚定"三件大事"目标,把传承岗位责任制之槌敲到点子上,擂出响锤,将新时代岗位责任制作为干部员工的总规范,坚决整治不严不实突出问题,形成人人、事事、时时、处处体现严实的良好氛围,让工作严要求、事事高标准成为一种常态。强化岗位责任制再传承,实质上就是强作风、提实效。

新时代传承岗位责任制是提升管理效能,交好时代答卷的必要手段。会战时期,岗位责任制的执行增强了职工的主人翁意识和组织纪律观念,保证了生产持续不断地向前发展,成为石油企业管理最基本最有力的支撑。60多年来,岗位责任制在油田开发建设各个时期,发挥了战略执行的保障作用,也逐步发展为石油系统基础管理的核心内容和宝贵的经验财富。从1962年岗位责任制的建立,到"两册、三化"管理;从全油田开展岗位责任制检查,到各基层单位基础管理工作的"多点开花",形成了较为完善的基础管理体系,构建了符合企业实际的管理模式,促进了流程优化和效率提升,提高了精细化管理水平,增强了员工岗位责任心。近年来,随着生产规模扩大、管理内容增多、管理标准提高,暴露出落实岗位责任制还存在一定差距,岗检的方式方法出现了一定程度的不适应。一场大考摆在了大庆石油人面前,考验管理工作思维和"三基"工作水平,各系统、各专业、各单位坚定不移地落实岗位责任制,不断为岗位责任制注入新内涵,全力打造以体系手册为统领、制度标准为支撑、岗位责任制为基础、新时代岗检为保障的新时代"四位一体"岗位责任制综合管理体系,并加快推进体系融合运行工作。实践证明，"四位一体"岗位责任制综合管理体系的持续提升，依托新时代岗检有效落实体系要求，探索实践更加贴合实际、简洁高效的岗检模式，是有力激发企业管理内生动力，保证现代企业沿着健康的轨道发展的硬核之举。岗检是岗位责任制抓管理的管理，既是管理手段，也蕴含丰富的管理哲学。大庆油田108次新时代岗检，突出"战略执行＋精准管理"主题，设计更聚焦、组织更优化、施策更精准，展现了纵深推进的新气象，促进了管理基础的再夯实。面对新形势、新任务，油田上下锚定"一稳三增两提升"奋斗目标，从管理中要质量、要效益、要增长，在实践中切实提升管理效能。在109次新时代岗检中，认认真真重新认识岗检、重新思考岗检、重新谋划岗检，深入浅出抓岗检，大小兼顾抓岗检，虚实结合抓岗检，攻守兼备抓岗检，让岗位责任制、岗检在新时代焕发新的光彩，续写新的荣光。

二、新时代传承岗位责任制的形势任务

随着中国特色社会主义进入新时代，岗位责任制的传承与发展也迎来了崭新的"逻辑起点"。在油田高质量发展战略背景下，充分认清新时代传承岗位责任制的不利因素和有利条件，坚持和弘扬岗位责任制，善于运用制度力量应对风险冲击，就一定能战胜挑战、化危为机。

（一）新时代传承岗位责任制的困难挑战

风雨兼程一甲子，岗位责任制走过了不平凡的发展历程，承载着厚重的辉煌历史，但在新时代新征程的传承发展也面临着复杂的形势任务和严峻的现实挑战。

（1）企业内外部环境的复杂变化。从企业外部环境来看，世界百年未有之大变局仍在加速演进，世界经济复苏不确定性因素增多，全球能源格局面临深度调整，国际油价持续震荡运行，能源清洁替代、降低碳

排放、应对气候变化成为大势所趋，数字化智能化推动行业变革重塑，油气相对短缺的大势没有得到根本改变，为党和国家牢牢端稳能源饭碗、保障国家能源安全、推动能源高质量发展被赋予新的更高要求。中国石油天然气集团有限公司"十四五"发展目标中，明确提出"大庆努力保持稳产控递减，稳固压舱石作用。"从企业内部环境来看，在大庆油田发现60周年之际，习近平总书记对大庆油田提出了"肩负起当好标杆旗帜、建设百年油田的重大责任"的殷切嘱托。要实现这一奋斗目标，对于一个已经开发建设了60多年的老油田来说，无疑是上坡超车、滚石上山。大庆油田既要稳住油气效益源头，增强企业发展的核心竞争力，又要力争在"十四五"期间保持原油产量3000万吨、天然气上产到70亿立方米。这样的规模、这样的势头，使命在肩、责任重大。作为资源采掘型企业，主力油田已经进入后油藏开发阶段，开采对象逐渐变差，技术瓶颈突破困难，产能接替能力有限，老井调整潜力逐渐减小，控递减控含水难度大，工艺设备老化现象普遍存在，整体稳产形势不容乐观。面对复杂严峻的内外部环境，大庆油田以更加开阔的视野，精准把握发展形势，科学确立发展坐标，牢牢把握住原油3000万吨高质量稳产这个企业生存之基、发展全局之要，交出不负时代的"大庆答卷"。通过传承岗位责任制，这对如何在压实长垣"压舱石"、做强外围"顶梁柱"、攻坚海塔"潜力区"、突破非常规"新希望"；在稳定松辽、加快川渝、突破塔东、建设储气库；在集团公司推进基业长青的世界一流企业建设中"重规范、有风范、当示范"；在立足当下、高点站位、当好标杆旗帜、建设世界一流现代化百年油田，都提出了前所未有的挑战。

（2）企业文化价值和影响力的弱化消解。石油会战时期孕育形成的大庆精神和铁人精神，体现了崇德重义的爱国情怀、顽强拼搏的进取精神、知行合一的求实态度和经世致用的实践品格，始终是激励和鼓舞大庆石油人乃至中国人民不畏艰难、锐意进取、奋发有为的强大精神力量。在经济全球化、文化多样化和社会信息化的今天，世界经济高速发展和世界文明成果高度共享，民族国家意识、责任意识、文化意识正在不断地受到冲击、削弱和淡化，深刻影响大庆石油人的思想观念和生产生活方式。岗位责任制既是大庆油田管理的基本制度，又是大庆会战的优良传统。虽然为适应不同时代的需要进行了多次修订，但在不断传承和发展的过程中，一部分人受错误思潮影响，理想信念和价值观念动摇，片面地认为优良传统已经过时，甚至产生了厌烦心理，岗位责任制文化力和影响力未能得到充分的释放，在企业文化制度层面、精神层面的价值认同面临现实的考验。

（3）代际传承的负面影响。岗位责任制产生于20世纪60年代石油大会战时期，是老一辈石油人创造出来的精神财富。随着时间推移，职工队伍构成也在发生变化，老一代石油人已经退出工作岗位，不断有年轻群体加入石油职工队伍，尤其是90后、00后年轻群体具有较好的学历背景，掌握较新的科学技术，思想新潮、思维活跃，在职场认知、表达方式上有"Z时代"的新特点，但对老传统普遍认知程度低，甚至出现轻视或漠视的现象。这种主体的代际交替导致现在的员工和原有的企业文化体系之间产生"历史间距"，传承过程中的能量衰减，主要表现为对岗位责任制的内涵实质、意义作用，掌握不系统、理解不深刻、践行不到位。如何让岗位责任制根植于"新石油人"的内心，对弘扬岗位责任制提出了新的挑战。

（4）网络时代和新媒体对员工的思想冲击。伴随着移动互联网技术的迅猛发展和新媒体的快速崛起，方便快捷、自由度高的网络文化不断冲击着传统文化阵地，重构人们的精神生活，重塑人们的意识习惯，深刻影响人们的思想观念、思维方式、生活方式和行为方式。开放、虚拟、多元、移动互联的网络世界充斥着大量动摇理想信念、淡漠责任意识的信息，诱导人们做出与传统道德和主流文化相悖的异化行为，最终导致产生对主流价值观的质疑，对精神文化传统的疏远，对社会责任感的缺失，对一些管理制度，在心理上不愿意接受，从行为上不愿意服从,"自由主义"的思想抬头,导致管理工作面临一些新情况、新问题。

(二)新时代传承岗位责任制的有利条件

奋进新时代,岗位责任制必将在"继承不守旧、创新不丢根"中坚持不懈适应历史大势,紧紧抓住时代赋予的广阔发展空间和机遇,助力世界一流现代化百年油田建设不断走向深入。

(1)高质量发展为新时代传承岗位责任制指明前进方向。2021年,大庆油田明确提出要牢牢抓住高质量发展这一主题,强化科技创新和深化改革"双轮驱动",加快业务结构、发展动力、数字化"三个转型";2022年,中共大庆油田第八次党员代表大会明确今后五年工作指导思想,要坚持稳中求进工作总基调,突出高质量发展这一主题,在奋进新征程中让大庆红旗更加鲜艳。在深入贯彻落实党的二十大精神的开局之年,站在新的更高的历史起点上,大庆油田观大势、谋全局,举旗帜、勇担当,深入实施以抓好"三件大事"为统领的战略布局,提出"一稳三增两提升"奋斗目标,"全面增加发展的'含新量''含金量''含绿量',奋力开启成长'第二曲线'",全面建设世界一流现代化百年油田,奋力谱写大庆油田高质量发展新篇章。面对新时代大庆油田发展的历史节点,大庆油田提出"当好五个标杆、建设五个百年油田"的使命愿景,分两个阶段、四步走:第一阶段从现在起到2035年划分为三个节点,2025年基本实现高质量发展,2030年全面实现高质量发展,2035年建成世界一流现代化油田;第二阶段是从2036年到2060年,全面建成基业长青、永续发展的世界一流现代化百年油田。从奋力开启成长"第二曲线"到加速上扬成长"第二曲线"强调了企业的发展势头,企业的成长性、可持续性,也为新时代传承岗位责任制擘画了蓝图,指明了方向。

(2)60多年实践为新时代传承岗位责任制积淀宝贵经验。1962年,

"一把火烧出的岗位责任制"作为新中国成立后首个符合工业化大生产需求的管理制度，有力促进了油田的生产开发建设，推动大庆油田走上一条独立自主、生机勃勃的石油工业发展之路。2022年6月6日，大庆油田第一采油厂召开北二注水站建立暨岗位责任制创立60周年纪念大会。油田党委和油田公司向北二注水站的全体干部员工、离退休老同志及家属表示热烈的祝贺，并致以诚挚的慰问。岗位责任制60年的生动实践，探索了现代企业的管理之道，塑造了"大庆品牌"的标志性元素，为新时代加强基础管理工作、建立现代企业制度带来了深刻启示，指引大庆石油人坚定承担起肩负的责任使命，传承红色基因、赓续精神血脉，与时偕行，守正创新，深入贯彻落实抓好"三件大事"战略部署，运用好岗位责任制这一有力武器，将老传统与新挑战相碰撞，激发出新时代岗位责任制更大的动力和活力，疏通堵点、消除痛点、攻克难点，打造新时代大庆管理新品牌，在新的赶考路上续写新辉煌。

（3）新时代岗检为新时代传承岗位责任制创造历史契机。自2019年启动新时代岗检以来，油田广大干部员工认真落实油田党委部署安排，坚持横纵并举、点面结合，狠抓推进落实，推动新时代岗检向纵深迈进。横向抓拓展、抓融合，实现更高效率统筹推进；纵向抓深入、抓落实，实现更高标准层层推进；重点抓大事、抓要事，实现更高水平精准推进；全面抓整改、抓提升，实现更高质量闭环推进。新时代岗检以新发展理念为指导，紧紧围绕新时代履行岗位责任、弘扬严实作风的"四条要求""五项措施"，突出弘扬传统、守正创新、融合先进、系统集成，深化正向查问题、反向挖根源、同步立标准，查摆剖析闭环整改，细化完善制度流程，深入总结经验做法，切实将严实作风落实到企业管理各环节，贯穿于岗位执行全过程，持续推动大庆优良传统和现代管理科学的融合互促，创新实践了更加贴合实际、简洁高效的新时代岗检模式。未来，大庆油田将进一步发挥好新时代岗检保障作用，将新时代岗检作为推动油田上下弘扬严实作风、广大干部员工执行岗位责任制的重要抓手，加快运行"四位一体"岗位责任制综合管理体系，推动油田管理提升工作再上新台阶。岗位责任制也将在新时代岗检实践中不断丰富、发展、传承，更好地为油田高质量发展服务。

（4）弘扬严实作风为新时代传承岗位责任制提供坚实保障。弘扬严实作风是大庆油田党委贯彻习近平总书记"三严三实"要求、传承"三老四严"传统作出的重大决定，是永葆大庆油田基业长青、铁人队伍红色血脉不断、大庆红旗高扬、不忘初心使命的固本之基、长远之策。油田各级党组织、各级领导干部站在政治和全局的高度，深刻认识贯彻落实新时代履行岗位责任、弘扬严实作风的"四条要求""五项措施"的重要性、必要性和紧迫性，发挥示范带头作用，以身作则、率先垂范，加强组织领导，带头学习讨论、带头查摆剖析、带头整改提升，一级带着一级干，一级做给一级看，形成以上率下的示范效应。广大干部员工提高政治站位，统一思想认识，增强使命担当，把精气神提起来，把事业干起来，全面回归严实作风，让"四条要求""五项措施"落地生根，贯穿于企业管理实践全过程，以非常之意志、非常之措施、非常之作风、非常之纪律，把各项工作做到最好、做到极致，形成以体系手册为统领、以管理制度为支撑、以岗位责任制为基础、以新时代岗检为保障的综合管理生态，为新时代岗位责任制的传承提供了丰沃的精神土壤。

三、新时代传承岗位责任制的基本原则

作为企业管理的重要内容，岗位责任制 60 多年的传承实践承载记忆、启迪当下、昭示未来。无论历史方位、时代使命如何变化，只有充分总结传承经验，遵循基本原则，才能彰显岗位责任制科学性、实践性、时代性等特征，确保老传统始终绽放耀眼光芒。

（一）新时代传承岗位责任制的根本遵循——党的领导

旗帜引领是大庆实践的力量之源。由党缔造、因党而荣的岗位责任制是"中国之治"的一个独特的治理密码，是呈现中国特色社会主义制度优越性的一张金色名片。石油会战初期，大庆石油人面对帝国主义对中国实行经济封锁，在党的领导、凝聚、激励下，以毛泽东思想为指引，靠"两论"起家，不畏艰难、自立自强，首创岗位责任制，使会战职工的思想和行动达到高度统一，有效解决了会战初期面临的一系列困难和挑战，高速度高水平拿下了大油田。1964年，毛主席发出"工业学大庆"号召，在全国范围内掀起了学习大庆热潮，点燃了在火红年代里探索工业强国之路的澎湃激情。期间，周恩来、朱德、陈毅、董必武、邓小平等党和国家领导人多次到大庆视察，对以岗位责任制为核心的"大庆式"管理创造给予充分肯定。在特殊时期，大庆油田一度生产指挥系统瘫痪，各项规章制度被废止，油田出现了"两降一升"（地层压力、原油产量下降，原油含水上升）被动局面。周总理非常关心大庆，在石油工业部的报告上批示："大庆要恢复'两论'起家的基本功"，并要求石油工业部立即派人到大庆帮助解决问题。在周总理的主持下，国务院起草了《1972年全国计划会议纪要》，明确要求"企业要恢复和健全岗位责任制、考勤制、技术操作规程、质量检查制度、设备维修制度、经济核算制度等7项制度"，从1966年到1975年，在举国一片"停产闹革命"中，岗位责任制得到全力捍卫，大庆油田原油产量平均每年以28%的速度递增，共生产原油24757万吨，完成财政上缴233.2亿元，1976年攀上了年产原油5000万吨的新高峰，有力支持了国民经济的恢复与巩固。改革开放阶段，以邓小平理论、"三个代表"重要思想和科学发展观为指导，思想行动与时俱进，构建全面协调可持续发展，推动年产原油4000万吨以上持续稳产，获得首届"中国工业大奖"，打造新型工业化道路的示范样板。进入新时代以来，以习近平新时代中国特色社会主义思想为指导，思想行动紧跟党中央，锚定高质量发展，推动年产原油3000万吨以上坚定稳产，建立油、气、新能源多能互补现代能源体系，在伟大复兴进程中擎起兴油报国的鲜艳旗帜，巩固和保持全国最大原油生产基地地位，有力保障国家能源安全。60多年来，正是由于大庆石油人以党的旗帜为旗帜，以党的方向为方向，以党的意志为意志，坚持把党的领导作为推进各个时期发展的根本遵循，将以岗位责任制为基础的企业管理体系发扬光大，与党中央的决策部署、与国家建设需要、与区域经济发展紧紧相连，不断赋予岗位责任制新内涵，使大庆始终作为工业战线的一面旗帜高高飘扬，永做党和国家最可信赖的骨干力量。

（二）新时代传承岗位责任制的思想指引——实事求是

实事求是是党的思想路线的重要内容。"两论"起家、"两分法"前进这一大庆油田的基本功就是实事求是的具体体现。在这一思想的指导下，岗位责任制在基层实践中产生。在岗位责任制推广初期，针对巡检点项多、交叉多的问题，会战工委从实际出发，发动职工重新讨论制度细则，将油井的巡回检查点由180~200个减少到40~50个，注水站的巡回检查点由988个减少到257个；针对部分干部盲目指挥问题，又因地制宜地制订了生产工人的"五项职权"和"五不施工"；针对执行岗位责任制不到位的问题，开展岗位责任制检查，解决应付检查、弄虚作假的问题，由此涌现出执行岗位责任制的典范——中四采油队和5排65井组，孕育出大庆精神重要组成部分——"三老四严""四个一样"优良作风。从1962年的"五大制度"到1964年的六大制度、1972年的七大制度、1979年的八大制度以及基层干部六项制度和领导干部七项制度，前后经历了18年时间，直至1983年油田才形成了一个比较完善、完整的责、权、利紧密结合的责任制体系。多年来，大庆石油人传承不丢根、创新不失真，根据油田开发建设不同时期的特点，增加、删减、修改内容数百项，使岗位责任制在各个时期都发挥了重要作用，这也充分体现了岗位责任制的实践性、先进性和时代性。2021年，油田党委贯彻习近平总书记大力弘扬以"苦干实干、三老四严"为核心的石油精神要求，作出了弘扬严实作风的重大决定，以新时代岗检作为弘扬严实作风的平台载体，以弘扬严实作风作为推进新时代岗检的思想保障。油田各级组织、各级领导干部带领广大员工奋力推进新时代岗检，从严从实"开展一场学习、组织一次查摆、剖析一批案例、建立一项制度、完善一项机制"五项措施，不走过场、不做虚功，紧紧遵循"人人体现严和实、事事体现严和实、时时体现严和实、处处体现严和实"四条要求。三年来，油田干部员工对本质严实从认识到实践，在绵绵用力、久久为功中发生悄然变化，表现在：人人讲严实的意识正在觉醒，展现出了攻坚克难的血性；事事讲严实的自觉正在形成，彰显出了标杆旗帜的风范；时时讲严实的风气正在浓郁，折射出了敬畏规矩的觉悟；处处讲严实的成效正在显现，激发出了弘扬传统的自觉。全员争先讲严实，严实作风成为油田干部员工推进岗检的"必修课"和"必答题"，确保各单位、各部门、各级别岗检都做到实事求是、注重实效。

（三）新时代传承岗位责任制的基础保障——以人为本

人是生产力中最具决定性的力量，是企业最重要、最宝贵的资源。岗位责任制建立的过程，是发动群众、总结经验教训、学习管理的过程；是从群众中来、到群众中去，集中起来、坚持下去的过程，是党的群众路线的集中体现。岗位责任制完全打破了"领导立法、工人守法"的框框，而是来自群众，来自实践，反映了生产的客观规律，符合广大工人的心愿，其精髓是把具体工作落实到每个岗位和每个人身上，既满足了油田生产建设的一系列客观要求，又保证了广大员工的积极性和创造性得到充分发挥，体现了人与人之间政治平等、分工明确、工作协调、责任关联、利益共享的人本主义思想，把工人们的政治责任心变成了管好生产的巨大力量。60多年来，大庆油田坚持把人力资源作为第一资源进行开发，充分尊重员工的首创精神，为员工成长成才搭建平台，提高员工的综合素质，维护员工的切实利益，从赋予工人"五项职权"，到强调员工"四懂三会"，再到"百问不倒、百做不误"，岗位责任制处处体现出重视"人"、培养"人"、发展"人"的思想精髓，体现工人当家做主、依靠工人管好企业的精神，增强了职工的主人翁责任感，形成齐抓共管的浓厚氛围，有力促进了岗位责任制落地生根。习近平总书记指出："要深化人才发展体制机制改革，最大限度把广大人才的报国情怀、奋斗精神、创造活力激发出来"。集团公司将"人才强企"作为四大战略举措之一，提出"把人力资源开发放在最优先位置，全面提升人才价值。"大庆油田队伍庞大，人是企业最大的"增量"。面对企业内外部形势、员工队伍结构等情况的变化，大庆石油人立足传承与发展，不断探索岗检新方法。第一采油厂第四作业区从领导干部安全生产承包点检查模式入手，以"干群回归严实作风、赋予岗位责任制新内涵"为目标，创新提出"一二三四"岗检法，干部员工协商、共同执行、共同验证、共同提高，突出检查人和被检查人互相尊重、平等协商、同心同向的岗检特色，拉近干部与基层员工的距离，解决了以往"干部不会检、不想检、不敢检"和"员工怕检查、躲检查、烦检查"的问题，实现干群履职能力的双向提升。"一二三四"岗检法得到了各级的广泛认可和应用推广，充分说明了传承岗位责任制必须建立在以人为本、构建和谐上，突出贴近实际、贴近基层、贴近员工，切实维护好、实现好、发展好广大员工群众的根本利益，激发员工群众的"主人翁"意识，开创"干群一体、上下一心，群策群力、共谋发展"的生动局面，以共享共建助力岗位责任制落实落地。

（四）新时代传承岗位责任制的活力源泉——守正创新

创新的理论、创新的实践，引领了岗位责任制在新时代的传承弘扬和发展。岗位责任制产生、形成、发展的过程，既具有历史性，又具有现实性；既具有区域性，又具有全局性；既具有继承性，又具有发展性。作为最基本的生产管理制度，岗位责任制本身就是大庆油田在管理模式上一项伟大的发明创造。它不仅将大庆油田的生产管理推上了有序运行的轨道，而且用大庆人独有的石油智慧开创了中国工业管理先河，使"大庆"成为享誉全国的标杆和旗帜。60多年来，以"一把火"为开端，大庆油田不断丰富完善岗位责任制，其影响已远远超过管理领域，成为"三基"工作的重要组成部分，为企业发展构筑了牢固的基石。在传承岗位责任制过程中，大庆石油人充分发挥主观能动性，在实践中不断总结落实岗位责任制的规律和经验，用基层创造的鲜活经验进行管理示范，同时积极学习、借鉴国外先进的管理经验和方法，对岗检的内容、方式、手段进一步丰富和完善。新时期，大庆油田积极吸收国际先进元素，确立了"三老四严、四个一样、追求卓越、精益求精"的工作方针，以岗位责任制为基础，把制度管理和信息化、智能化结合起来，适应时代发展要求，形成具有中国特色、大庆特点的"两册"管理，构建岗位责任制新载体，使企业管理水平不断提高。新时代带来新方向，新方向带来新要求。步入新的发展阶段，油田上下一以贯之抓好岗位责任制守正创新，将岗位责任制作为弘扬严实作风的着力点，赓续大庆精神、锤炼铁人队伍的加速器，立足高起点、坚持高标准、冲击高目标，适应新时代发展趋势，打破传统思维定式，以更加开放的视野、更加包容的格局、更加务实的举措，通过新时代岗检增强制度意识、纪律意识和规矩意识，提升岗位履职能力，深化优良传统与现代管理科学的有机融合，为推动油田稳油增气、提质增效、改革创新，打下坚实管理基础。立足发展形势、发展阶段、发展环境，创新完善岗位责任制，划细划小时间、质量、刻度，开展新时代岗检工作，通过推进制度创新、完善制度内容、提升制度质量，加速岗位责任制建设水平提档升级，持续提升企业治理能力体系和治理能力现代化水平，以岗检的实效检验落实"三件大事"成效，助力油田当好标杆旗帜、建设百年油田。

（五）新时代传承岗位责任制的核心关键——育心铸魂

思想是行动的先导。岗位责任心是干好一切工作的基础。同样的工作，不同的人干，呈现的结果好坏不一；同样的岗位，不同的人干，发挥的作用参差不齐。60多年来，大庆油田把锤炼岗位责任心作为建队育人的一项重要任务，将大庆精神、大庆传统作为培育岗位责任制新传人的精神之钙、文化之根、动力之源，通过抓思想教育、抓作风建设、抓检查评比"三抓"，狠反"一粗、二松、三不狠"（工作粗，不扎实，松松垮垮，抓不起来，特别是领导干部抓问题抓得不紧，抓得不狠，搞工作搞不彻底）"马虎、凑合、不在乎"的坏习惯，强化"细节决定成败"意识，积极推行"精细交接、精细操作、精细巡检、精细维护、精细检修"的"五精细"管理法，加强对生产过程的全面控制，不断强化了员工的岗位责任心。油田各级党组织切实加强以党支部建设为核心的基层建设，以岗位责任制为中心的基础工作，以岗位练兵为主要内容的基本功训练，不断夯实传承岗位责任制的基本功。领导干部坚持"三个面向、五到现场"，工人身上有多少泥，干部身上就有多少泥，带头当好优良传统的传人；基层单位，坚持"三条要求、五个原则"，事事做到规格化，项项工程质量全优，始终保持"有第一就争，见红旗就扛"的进取意识；职工队伍，坚持"好字当头、严细成风"，人人出手过得硬，项项工作争一流，展现大庆石油人的先进本色。油田上下人人、事事、时时、处处营造履职尽责的浓厚氛围，使这座没有围墙的工厂变成了培养岗位责任心的"大学校"、锻造岗位责任心的"大熔炉"、检验岗位责任心的"大舞台"。60多年的传承实践充分证明，落实岗位责任制必须从强化岗位责任心开始，培育岗位责任心是传承岗位责任制的永恒主题。进入新时代，在各种思想激荡冲撞的大背景下，培育岗位责任心也要与时俱进，通过打造符合新时代特点、富有油田特色的传承载体，潜移默化地将企业的目标愿景、价值理念融入其中，增强员工与企业荣辱与共的责任感和使命感，使自我约束、自我驱动、自我管理成为一种习惯。2021年，大庆油田领导班子部署抓好"三件大事"，将严实作风作为价值标准之基，以永远在路上的执着信念，强力推动新时代履行岗位责任，结合当前互联网、自媒体的发展趋势，面向全员开展"履行岗位责任、弘扬严实作风"岗位"云讲述"活动，旨在以岗位责任制为切入点，提升队伍履职能力，助力人才强企工程，推动严实作风内化于心、外化于行，为油田高质量发展、集团公司加快世界一流企业建设贡献力量。全体干部员工围绕岗位职责，从履职能力、技能水平、操作标准、工作流程等方面，讲出岗位责任，讲出忠诚担当，展示火热实践，展示最美风采，造就了思想淬火之势、掀起了积极进取之势、鼓舞了对标互促之势，促进新时代石油精神、大庆精神和铁人精神再学习、再教育、再实践、再传播，助推了"四条要求""五项措施"的落实落地。截至2023年底，岗位"云讲述"已成功举办三季，41万人次参与，4200万次观看，极大激发了广大干部员工的主人翁责任感。

四、新时代传承岗位责任制的路径方法

岗位责任制的灵魂是岗位责任心。只有把严格的管理与高度的自觉相统一，各项规章制度才能不折不扣地落实。60多年来，第一采油厂始终把"三老四严""四个一样""岗位责任制"等优良传统作为"传家宝"，采取特色突出、吸引力强、打动人心的教育方式铸就岗位责任心，

使干部员工在各自的岗位上履职尽责，发挥最大作用。

（1）开展"聚焦'四条要求'狠抓岗位履职，推进'五项措施'铸强严实作风"主题实践活动，凝聚从严从实的思想共识。从"三老四严""四个一样"到建立完善岗位责任制体系，坚持反思、善于反思，深入剖析问题、在总结中提升能力是大庆油田一直坚持的好习惯。作为岗位责任制的发源地，第一采油厂始终以思想上的崇严求实，促进实践上的知行合一，深化"聚焦'四条要求'狠抓岗位履职，推进'五项措施'铸强严实作风"主题实践活动，开展岗位实践"大学习"、对标提升"大查摆"、警示案例"大剖析"、典型问题"大曝光"、知责明责"大考核"，使严实精神入脑入心，入言入行。全厂上下聚焦解决"该做什么""该怎么做"两个核心问题，开展全员岗位标准学习，管理人员掌握岗位职责和相关规章制度要求，专业技术人员掌握岗位职责和专业技术标准，操作人员掌握岗位职责和操作标准，人人想严实、学严实、践严实。以"弘扬严实作风怎么看、怎么办、怎么干"为主题，通过开展专题研讨、形势任务宣讲、调查研究等工作，使全厂干部员工统一了思想、凝聚了共识——无论过去、现在、还是将来，"我为祖国献石油"的政治本色不能变，"端牢端稳能源饭碗"的坚定信念不能变，"有第一就争、见红旗就扛"的争先意识不能变。方向明，路径清，一厂人的干劲更足了。第一采油厂扎根萨中油区绘就发展蓝图，紧紧围绕大庆油田"三件大事"战略部署，"一稳三增两提升"奋斗目标，在"当好标杆旗帜、建设百年油田"的新征程中，明确厂"13631"工作部署，奋力推进世界一流现代化示范厂建设，制订《"十四五"后三年600万吨持续稳产工作方案》，明确"路线图"，绘制"时间表"，优化"指导书"，初步形成以科学稳产为根本、以提质增效为关键、以创新驱动为支撑、以本质安全为基础、以党建引领为保证的高质量发展新局面。全厂各单位全面激发出进位争先的力量和状态，把工作着力点放在增强干部员工责任心、夯实基础管理、推动岗位工作上，实现从人到物、从思想到工作、从流程到制度，全方位立标创标，以严实保产量、创新绩，用工作新成效展现队伍新风貌。

（2）加强"岗位责任制"等传统文化引领，坚定高度自觉的责任担当。时代变了、条件变了、要求变了，但第一采油厂继承和发扬优良传统，执行岗位责任制的内涵没有变、精神没有变、本质没有变，岗位责任制仍然是干事创业、攻坚克难的"传家宝"，并不断被赋予新的时代内涵。员工入厂"第一课"，不是背章程、学技能，而是接受"三老四严""岗位责任制"等传统教育。坚持筑牢干部员工的思想根基，积极探索优良传统与全新宣教方式的结合点，总结"观、听、讲、谈、唱、写、演、展"八字传统教育法等特色做法，做到宣教内容"求实"、宣教形式"求活"、宣教载体"求新"，把精神转化为行动。把企业文化建设作为企业全面工作中必不可少的组成部分，注重打造特色文化品牌新优势，制订《推进文化大厂建设指导意见》，让传统文化外化到企业生产、经营、管理、党建、思想政治工作等各个方面，形成党政齐抓共管、各部门合力推进的文化大厂建设格局。开展"三老四严""岗位责任制"文化研究，把传统文化作为筑牢企业发展优势、增强发展软实力的重要途径，让老传统在新时代绽放新光芒。2022年6月6日，在岗位责任制的发源地——北二注水站，第一采油厂召开纪念北二注水站建立暨岗位责任制创立60周年大会，追溯岗位责任制的历史印记。邀请北二注水站首任站长罗政钧、老党支部书记张继贤、5排65井组老师傅杨正培等讲历史、讲责任，挖掘干部员工传承岗位责任制的闪光点，总结"岗位责任制""四个一样"会战优良传统的发展史，建设北八采油队、北二注水站、5排65井组三点一线的岗位责任制教育基地，丰富完善以"传统永恒、责任无限"为核心的责任文化，把责任用生动的印象融入干部员工的心中，做到"严细负责，从过得去到过得硬的提升；始终负责，从一阵子到一辈子的坚持；主动负责，从要我干到我要干的担当"的"三个负责"。开展全员性传统教育、岗位责任学习，使以岗位责任制为核心的政治自觉、文化自觉、思想自觉、行动自觉更为巩固，使"崇尚责任、践行责任、彰显责任"的氛围更为浓厚，全厂上下人人争做"岗位责任制"和"四个一样"优良传统的传人。

（3）加大先进典型选树力度，营造举旗立标的浓厚氛围。在大庆油田60多年发展历程中，选树典型、培育先进始终是塑造过硬队伍的有力抓手。第一采油厂着力在抓典型、树样板上下功夫，努力培养数量更多、标准更高、更有代表性的先进典型，让典型成为"点""光""源"，辐射出去带全面，营造"典型事迹大家学、典型带领大家干、典型标准成规范"的良好氛围，让落实岗位责任制更加人格化、生动化。从20世纪60年代"五面红旗"之一薛国邦、放大镜照钢丝的辛玉和、5排65井组第一任井长李天照，到新时期全国新长征突击手李文英、全国五一劳动奖章获得者王雪莹、新时代全国优秀党务工作者李雪莹；从老标杆"三老四严"发源地中四采油队、岗位责任制发源地北二注水站到新典型"永远做油田精品"中十六联合站、"过渡带上立标杆"的北一采油班，先进典型层出不穷，新老典型交相辉映。一方面，坚持让老标杆打下深烙印，通过多种教育形式，让耳熟能详的典型事、典型人更加深入人心，在回顾和重温中熏陶每名员工；另一方面，坚持让新典型引领新风尚，结合发展实际，以不同年龄、不同层次、不同行业、不同群体划分，坚持每年评选独具一厂特色的各类先进典型，做到典型时时有、层层有、处处有。通过厂内新媒体平台、网页等多种宣传载体，对典型进行全方位、多角度宣传，放大典型影响力和辐射力。通过座谈讨论、报告演讲、现场交流等方式，组织先进典型"面对面"向员工介绍经验、宣讲事迹，让典型"亮"起来、"响"起来、"香"起来，实现以典型引导带队伍，以典型示范上水平，以典型激励促发展。近年来，第一采油厂涌现出全国五一劳动奖章获得者、大庆油田"新时代铁人式标兵"王一伦，全国向上向善好青年丛子博，大国工匠张有兴，集团公司铁人奖章获得者侯涛等一批先进典型，学先进、赶先进、做先进蔚然成风。

（4）健全"两册"制度文本，夯实规范高效的管理根基。"两册"是大庆油田岗位责任制在新时期的表现形式，是大庆石油会战优良传统的继承与创新。第一采油厂把各级各类管理制度、标准、体系对基层和岗位工人的要求进行集成，梳理形成《基层班(站)管理手册》和《基层班(站)岗位标准化手册》，充分激发基层管理活力。根据改革调整后的组织结构和业务定位，梳理厂、作业区制度流程、操作规程、考核细则，组织作业区、基层班组根据规章制度、标准规范的变化，职能职责、工作流程的调整，工艺技术、生产方式的革新，管理方法、管理手段的提升，及时对岗位责任制、"两册"进行动态改进、修订完善，将新的管理要求和内容纳入岗位责任制、"两册"中，始终保持全面准确、实用有效。编制修订1029份两级机关岗位责任制，242个基层班组编制应用"两册"，有效解决体系报表多、岗位标准不统一、制度落实不到位等实际问题，实现"两册"全覆盖，使各类管理体系在基层班组层面进一步融合。为了使全厂岗检资料规范统一，规范18个主体工种岗检资料，形成简单实用的"7+1"岗检资料统一模板，全厂推广覆盖，提高干部员工执行岗位责任制的能力。以第二作业区为试点，加强"两册"示范区建设，采取"清晰工作内容、清晰管理界面、优化整合相同内容"的"两清一整合"方法，对"两册"内容去繁就简，实现管理的轻量化、高效化、规范化。加大"两册"宣贯力度，加强学习培训，引导干部员工理解岗位责任制、"两册"的重要意义和作用，提升执行应用的能力。充分利用岗检手段，细化完善岗检标准，检验应用效果，促进岗位责任制、"两册"执行落地。全厂基层单位通过完善"两册"，进一步梳理制度流程、操作规程、管理标准，推进了标准化管理。同时统一规范了各级考核的考核项目、检查标准、考核内容、奖惩额度。"两册"成为生产操作领域检查的唯一标准，起到了精准指导经营管理和生产操作的作用，进一步落实了岗位职责，夯实了管理基础。

（5）完善新时代岗检体系，压实分工明确的岗检责任。岗检作为一项从群众中来、到群众中去的科学管理方法，从诞生起就始终闪耀着基层创造的光辉。检查不是目的，以检查促整改、以整改促提升才是新时代岗检开展的目的和意义。第一采油厂以"加强融合、提升效率、减负基层"为出发点，将岗检与日常生产经营考核相结合，将"实事求是"贯彻始终，融合检查资源，压实岗检责任，一体化统筹推进。在增强岗检队伍力量上，成立厂岗检委员会和岗检办公室，下设生产开发、安全环保、经营管理、基建管理、物资后勤、党群管理六个分组，形成岗检办统筹、业务主导、单位主体的常态化岗检网络。在优化岗检内容要素上，采取集中检查、日常检查和专项检查相结合的方式，集中检查每季度一次，重点评价管理人员制度流程执行情况；日常检查随时抽查，重点检查指标完成情况和基础工作落实情况；专项检查报岗检委员会批准，制订专门的检查方案和检查报告。统筹岗检任务，细化梳理各专业检查需求，制订厂岗检工作计划，加大财务、物资、QHSE等专项检查力度，实施检查项目83项，做到能融尽融、能并尽并，最大限度减少检查次数。在做强岗检成效保障上，建立典型经验奖励机制，对各单位新时代岗检中推广典型经验的，月度对基础工作加分并奖励；对在油田公司级以上会议上介绍经验的，奖励年度绩效分值；对专业部门在油田公司介绍经验或被评为先进单位的，对相关人员奖励。连续三年召开"弘扬传统立标杆，三基工作上水平"管理提升推进会，集中展示党建管理、数字化管理、标准化管理等方面的典型做法，带动各项工作整体提高水平。加强岗检结果应用，建立月度、季度检查通报制度，通报各单位当期指标完成情况和基础工作检查情况，按板块对各单位综合排名和分系统排名，考核结果与月度奖金挂钩，推进各单位对标提升。将岗检结果纳入年度考核，作为年度评先选优的重要依据，营造"互看"找问题、"互比"促提升、"互学"强落实的浓厚氛围。通过深化新时代岗检，使严和实真正成为干部员工的价值共识和行为标准，岗检质量不断提升，基础管理进一步夯实。第一采油厂连续四年被油田公司评为新时代岗检先进单位。

（6）构建全要素绩效考核评价体系，实现科学量化的考核评价。落实岗位责任制要靠公平、公正的考核方式，实现经营绩效的客观评价，更好地推进履职尽责。油田企业生产链条长、涉及工种多。科学的绩效考评，难点之一在于如何对不同工种、岗位的工作量进行科学量化评价。第一采油厂以传统的岗位责任制检查为基础，量化评价各项关键要素，建立"全要素薪酬分配、全要素绩效考核、全要素正向激励"为主要内容的绩效管理体系，做到年度考核与过程考核相结合，组织绩效与全员绩效相结合，定量指标与基础性管理相结合，系统评价与板块排名相结合，实现工作量与价值量、劳动与分配、管过程与管结果的集成。统一建立厂、作业区、班组三级绩效评价标准，将组织目标逐级量化分解，层层传递经营压力，解决了以往考核目的单一、绩效管理循环无法持续的问题，发挥了绩效考核的导向作用。通过检查考评机制的建立与规范，进一步明确各级人员、各个考核周期的管理重点、检查职责，引导各单位以问题为导向，强化制度执行落实，加强生产经营活动的过程控制。各系统通过修订指标内容和指标权重，推进本系统重点工作。各单位对比分析排名情况，找准薄弱环节，推进专项管理。通过全面推行全员绩效考核与全要素量化考核，加大薪酬精准激励力度，见到实效。

（7）完善"百做不误"理念文化，培养全员过硬的技术能力。落实岗位责任制需要一支素质优良、技术精湛、作风过硬的铁人式队伍。随着油田不断发展，生产工艺日趋复杂，操作技术含量越来越高，对岗位工人提出了更高要求。第一采油厂坚持在继承中延伸"百问不倒"的传统文化内涵，举办员工技能大赛，丰富完善"百做不误"的文化理念，在"问"与"做"的实践中，提高理论知识和操作能力，实现传统文化精华与现代企业管理的有机融合。"百问不倒"是实现"百做不误"的基础，"百做不误"是对能否真正做到"百问不倒"的检验，着眼提高员工的实际操作能力，引导员工做到把每一项工作、每一个环节的"不误"都变成对工作的一种自觉责任。为了实现"百做不误"，建立以"百做不误"为核心内容的管理机制和配套的责任考核体系，使每个人都能用"百做不误"的理念约束自己的行为；建立标准化运行机制，确定每项工作、每个环节的直接责任人、间接责任人和领导责任人，形成了上至领导、下至岗位员工的责任链；建立目标管理和绩效考评相结合的奖金考核机制，实现严考核、硬兑现。"百问不倒一口清、百做不误一手能"，既培育了员工过硬的技术能力，同时使员工树立以岗位责任制为核心的严细的工作作风、勤勉的敬业精神和高度的责任感，促进了各项管理水平全面提升。

（8）深化"三基"工作达标升级，夯实企业发展的坚实基础。"三基"工作是大庆油田加强基层建设的基本经验，随着时代的发展，其时代特质和企业特色更加凸显。第一采油厂始终把落实岗位责任制和加强"三基"工作有机结合，构建"三基"工作达标升级"三个模式"，推动全厂基层建设上水平。实施固本强基工程，构建整体集中提升的典型引领模式。深入开展"举旗帜、立标杆、创一流、上水平"主题活动，坚持抓住"瞄准先进赶先进"对标提升、"高举旗帜立标杆"学习讨论、"对标管理补短板"查找问题、"提升创标上水平"整改提升，把标杆单位的高标准、严要求贯穿到"三基"工作提升的全领域、全过程。实施分类定级管理，构建逐级滚动提升的达标晋级模式。制订实施《基层"三基"工作达标升级管理办法》，将班组划分为标杆、先进、达标、未达标四个级别，弘扬老标杆，巩固现典型，培育新样板。围绕"2个阶段、连续6年、百个标杆"建设目标，持续推进示范化党支部、标杆集体、"五型"班组、最信赖职工之家"四位一体"建设，循序渐进推动"三基"工作提档升级。在定性评价的基础上，定量考评，细化166项采油班指标样本及152项集输班指标样本，制订《基层班组分类分级达标考评标准》《综合管理指标评分标准》等考评体系，实行严考核真评比，使基层单位对标有载体、提升有抓手，逐级上水平。全厂各单位结合实际制定达标晋级方案，做好分类施策，设定基层班组达标升级评定标准及程序，实现了精准提升、精准达标、精准晋级。推进两级帮扶机制，构建双向联动提升的精准对标模式。针对全厂基层建设水平不均衡等问题，确立厂、作业区两级班子成员党建"三联"责任示范点，明确调查研究、帮扶指导、加强服务、推广示范等包保责任，帮助先进班组总结经验、激励创新，帮助薄弱班组找准短板、对标提升，实现对基层班组帮扶提升与自我提升的有效结合。全厂各单位对好标、量好尺，把经验变制度、示范变规范、标杆变标准，一以贯之抓提升，持之以恒抓创标，以典型引导和标杆示范带动整体推进，形成了标杆岗位、标杆团队竞相呈现、比学赶超的良好局面。目前，全厂已累计打造标杆集体百余个，示范引领全厂"三基"工作提档升级。

（9）创新机关干部"下沉一级"服务模式，打造率先垂范的机关形象。践行岗位责任必须发挥干部以身作则、率先垂范的示范作用。第一采油厂始终注重加强机关作风建设，继承发扬大庆精神铁人精神和"三个面向、五到现场""把麻烦揽上来，把方便送下去"、领导干部"五同""三三制"等会战优良传统，实施机关干部"下沉一级"服务模式，号召机关干部靠前指挥、现场办公，带头履职尽责，把为基层办好事、解难事记在心上、抓在手上、落实在行动上，打造讲政治、守纪律、负责任、有效率的机关干部队伍。提倡"十要十不"的行为准则，开展"亮诺、践诺、评诺"活动，以会上宣读、公示栏张贴、网络媒体公示、代表宣誓、书面发放等形式，作出公开承诺；对照岗位职责、对照工作流程、对照制度规范，通过自评、自查，做到承诺必践行、践行必见果；建立奖惩机制，定期对机关干部是否践行行为准则进行考评。厂领导班子成员下沉至作业区、机关工作人员下沉至基层班组，明确具体联系单位，了解掌握服务联系单位的生产任务、指标完成等情况，收集整理服务联系单位的意见、建议和问题，帮助总结经验、分析问题、研究对策、解决问题，做好重要节点前、重要会议后的宣讲工作，做到机关干部下沉一层，基层管理水平就提高一层。开展"下沉一级强管理，服务基层见作风"擂台赛，通过推荐制、打分制、积分制、评价制等方式，围绕服务效果评价、服务满意度、服务的基层单位提升等方面，评选"服务基层先进党支部""服务基层示范明星"，激发深入基层服务动力。推进厂、作业区、班组三级高产井承包管理，厂领导承包作业区，机关党员干部承包基层班组及5吨以上高产井；作业区领导承包基层班组，作业区"两室一中心"承包基层班组及3吨以上高产井；基层班组干部承包班组及所有机采井，发挥高产井产量贡献主体作用。各级承包人时时掌控高产井生产动态，每周深入承包单位不少于1次，每周用于包保单位办公时间不少于半天，每周帮助基层单位协调解决问题不少于1个，做到"三同三清"，即同跟踪清楚产量及各项指标变化，同分析清楚夺油上产矛盾及潜力，同推进清楚抓产量工作进展及效果，及时协调跟进解决问题，确保高产井优质高效运行。机关干部切实把好作风体现在服务稳产、服务基层、服务员工的实际行动中，为基层解难题、提效率、服好务，树立了良好形象。第三作业区弘扬"三老四严"传统，建立"周三基层工作日"制度，每周三机关全体成员深入基层，参加基层队会议，与基层班子一起研究工作，到生产岗位跟班劳动，实实在在帮助基层办实事。

五、新时代传承岗位责任制的探索实践

石油会战时期，面对生产管理千头万绪、问题繁多，大庆石油人展现出伟大的历史主动精神，首创岗位责任制，把生产上千千万万件具体工作落实到成千上万人身上，探索出符合国情的企业管理模式，奠定了中国工业企业管理的基础，有力推动了国民经济和社会秩序的恢复。

基层强则国家强，基层安则天下安。基层治理是国家治理的基石，是走好中国式现代化道路的题中应有之义。20世纪60年代初，浙江

省诸暨市枫桥镇干部群众创造了"小事不出村，大事不出镇，矛盾不上交"的基层社会治理经验。1963年11月，毛泽东同志就学习推广"枫桥经验"作出重要批示，"枫桥经验"由此走向全国。60多年来，"枫桥经验"在实践中不断发展，焕发勃勃生机，成为基层社会治理的一面旗帜。党的十八大以来，以习近平同志为核心的党中央高度重视基层治理，围绕加强基层治理发表一系列重要论述、作出一系列重要部署。党的二十大报告指出"在社会基层坚持和发展新时代'枫桥经验'""及时把矛盾纠纷化解在基层、化解在萌芽状态"。十八届三中全会《关于全面深化改革若干重大问题的决定》提出：要改进社会治理方式，以网格化管理、社会化服务为方向，健全基层综合服务管理平台。在2023年全国"两会"期间，习近平总书记再次强调："要加强基层组织建设，完善网格化管理、精细化服务、信息化支撑的基层治理平台"。网格化管理已经成为基层治理体系和治理能力现代化的重要举措。国有企业是中国特色社会主义的重要物质基础和政治基础，是党执政兴国的重要支柱和依靠力量。大庆油田牢记习近平总书记政治嘱托，在履行经济、环境和社会责任等众多方面躬身入局、率先垂范，守正创新、与时俱进，从中国式治理中寻找企业治理新思路，大胆探索构建红色网格治理，推动新时代岗位责任制落实落细。

（一）搭建党之大庆的"红色网格"，推动基层治理新提升

大庆是党的大庆、国家的大庆、人民的大庆。大庆油田从诞生之日起，就与祖国"同呼吸、共命运"，始终关注党中央在关心什么、强调什么，深刻领会什么是党和国家最重要的利益、什么是最需要坚定维护的立场。构建红色网格治理模式统筹融合了"三基本"与"三基"、岗位责任制与岗检、党建与生产经营、管理制度与精神文化等要素，有效激发广大党员干部参与企业治理的积极性，促进了基层党组织政治功能和组织功能的有效发挥，是大庆油田党委落实中央决策部署、顺应时代发

展趋势、提升企业管理水平的重要举措,是新时代打造国有企业基层治理范式的主动探索。

"红色网格"治理是深化"三基本"建设的创新实践。习近平总书记在全国国有企业党的建设工作会议上提出"全面从严治党要在国有企业落实落地,必须从基本组织、基本队伍、基本制度严起",为国有企业加强基层党建工作提供了根本遵循。实施"红色网格"治理,进一步强化了基层党建"三基本"建设的着力点和落脚点,使基本组织在发挥网格功能中更加健全强大、基本制度在强化网格实践中落地执行、基本队伍在完成网格任务中锻造壮大,油田各级党组织成为形神兼备、气血贯通的"生命体",政治优势、组织优势将更加彰显。"红色网格"治理是落实党的群众路线的创新实践。把党的群众路线坚持好、贯彻好,关键是依靠员工群众。实施"红色网格"治理是大庆油田坚持党的群众路线的具体行动和靠实举措,"红色网格"基于网格化管理,党组织和党员干部与问题更"近",就近解决;与群众更"亲",亲密无间;反应更"快",快办快结;企地更"合",合力共建,把改革发展稳定和谐任务完成在网格内,确保矛盾不上交、不外溢、不激化,形成前进道路上抗风险迎挑战的强大"稳定器"。"红色网格"治理是夯实油田发展基石的创新实践。新时代,大庆油田被赋予了"当好标杆旗帜、建设百年油田"的重大责任,亟待运用新思想、新手段为岗位责任制找到更有实效性和生命力的承载。通过构建"红色网格"治理,利用网格对物、事、人的锁定功能实现"事事有人管",利用网格对责、权、利的锁定功能实现"人人有专责",利用网格对监督、检查、考核的锁定功能实现"工作有检查",使岗位责任制在新形势下又找到了一个保障措施。实施"红色网格"治理,用基层党组织的组织力带动全员行动力,以"支部建在网格上、党员走在网格中"实现区域定界、任务定人、管理定责、行为定标,推动岗位责任制进一步落实落细到网格,全面提升了基层治理效能,不断夯实新时代高质量发展基石。

岗位责任制

网格员现场帮助解决生产难题

（二）培育严实作风的"红色队伍"，增添基层治理新成效

基层治理关键在人，主力军是基层党员干部。大庆油田党委充分挖掘整合红色资源底蕴和优势，按照"一要快、二要实、三要用"的要求，坚持全区域全覆盖、各级组织全纳入、广大党员全参战，构建一张上下、内外全部贯通的"红色网格"。"红色网格"纵向贯通、横向联动，动态管理"人、地、事、物、组织"，激发作风严实的"大庆油田力量"。

油田党委建"网"，所有下属单位连接成一张"大网"，油田党委统筹总揽、相关部门分工负责、下属单位分步推进，分批建成油田区域全覆盖的"红色网格"。所属党委搭"网"，油田所属单位内部连接成"小网"，把"红色网格"建设作为"一把手"工程，党委顶层设计、党政主要领导牵头抓总、相关部门组织推进，构建组织架构清晰、权责划分明确、推进措施靠实的"红色网格"。党支部编"网"，基层党支部连接成"细网"，搭建党支部书记主责、党员担责、上级管理员明责的闭环流程，做到"全链条"无缝衔接。充分发挥党员先锋模范作用，依据业务性质、辖区范围、管理内容等要素，进行合理划分，将区域内每名党员作为"支点"，构成一个网格单元，做到日常工作在网格、问题发现在网格、责任落实在网格、任务完成在网格、矛盾化解在网格，实现"人在网中走，事在格中办"。截至2023年底，大庆油田已经建成46个"小网"、792个"细网"，涵盖5425个党支部网格，支部建网率达97%。弘扬"支部建在连上"的优良传统，各级党组织书记和党员干部担任网格长，明确网格员"六大职责"，当好政策主张的"宣传员"、管理创新的"示范员"、维稳信访的"调解员"、安全管理的"监督员"、治安综治的"协管员"、健康管理的"指导员"。同时，为了更好地发挥"六大员"作用，将"六大员"职责纳入文本化管理范畴，与"两册"管理协同并行，细化"六大员"职责81项具体任务，形成《职责任务清单》《下沉服务清单》，周、月、季的工作内容落到人头、细到标准，每名党员更好地落实"一岗双责"，坚持"八清八必到"等方法，在"八小时内外"履行好岗位职责和网格职责。以领导班子、机关干部、支部书记、支部委员、党员为培训对象，开展分级分类思路性培训、"六大员"专项培训等网格员"五训"。创新"民主评议+管理"方式，实施支部民主评议党员、群众定期评价党员的"双评"办法，将党员履行"六大员"职责情况与年度民主评议党员结果挂钩，作为党员评先选优依据。全体党员通过亮身份、亮职责、亮承诺，荣誉感、责任感明显增强，党员"支点"作用充分发挥。2023年，各级网格员受理信息反馈数量2.8万件、解决实际问题1.3万个。

（三）扛起举旗立标的"红色品牌"，赋予基层治理新样板

标杆变标准，模范变模式，岗位责任制不仅为大庆油田60多年的开发建设奠定了最根本、最核心的管理基础，也为新中国成立初期的大工业化生产提供了宝贵的管理范式模板，开启了中国工业企业制度化、科学化管理的新阶段。对于大庆油田来说，岗位责任制始终是干事创

岗位责任制

业、攻坚克难的传家宝。大庆油田党委坚持把岗位责任制作为油田基本制度的地位不动摇，持之以恒、一以贯之地继承好、弘扬好。在岗位责任制创立60周年之际，大庆油田启动了第108次新时代岗位责任制检查工作，将弘扬严实作风与新时代岗检深度融合，用岗位责任心推动油田高质量发展，当好标杆旗帜，建设百年油田。特别是在贯彻落实习近平总书记"以党建引领基层治理"要求上，把"红色网格"治理模式打造成新时代岗位责任制的"升级工程"，着力打造党政融合、管理创新、数字赋能、治理现代的新时代国有企业基层治理新范式，实现基层治理效能再提升、发展质量再夯实。

探索红色网格引领的安全网格化管理模式

作为油田首批试点单位，第一采油厂党委深入贯彻习近平总书记重要指示批示精神，全面落实油田党委加强新时代油田基层党建工作、引领推动企业治理能力现代化重大部署，充分借鉴"枫桥经验""浦江经验""千万工程"，通过开展试点工作、成立专班推进、开发数字平台、扩大试点规模、研究制订方案等方式，探索红色网格治理落实落细的措施方法，坚定打造现代化国有企业治理新范式。全厂共建成厂级小网1个、作业区（大队）级细网19个、班组级细网格296个，并在细网格基础上划分岗位级网格责任区1262个，实现了"红色网格"治理的全覆盖。分类施策，建立"采油单位＋职能单位＋机关单位＋驻外单位"组成的区域型、功能型、服务型、项目型的"四型网格"模式，构建了机关基层上下联动、生产保障横向配合、企地内外互联共治的"红色网格"治理体系。建成区域型细网格110个、功能型细网格134个、服务型细网格51个、项目型细网格1个，实现区域无死角、功能全覆盖、服务强保障、项目精管理，从"平面格"到"立体网"的跨越，区域基层治理水平得到提升。以"红色网格"为依托，把"红色网格"建设与安全网格化建设融为一体，形成责任明确、环环紧扣的柔性闭环管理模式，构建形成了"自下而上、由上及下"的信息交互通道，实现"基层困难有协助、上级检查有落实"，让干群关系更"合"，推动安全管理水平持续提升。"三老四严"发源地中四采油队，先行先试，构建了以党建引领为核心，以网格化管理为基础，以数字化技术为支撑的数智赋能基层治理新样板。完善"油田数智党建"平板端开发，搭建一网统全盘、一屏管上下、一键显实情的数智党建平台，实现"三基本"情况"一键穿透"、会议记录自动生成"一键转换"、问题发现上报"一键直达"、理论学习内容"一键推送"的"四个一"功能。实施"红色网格"治理模式以来，中四采油队党支部工作整体效率提高25%。北二注水站作为最小的网格单元，把党务工作与生产、经营、稳定、综治、安防等任务相融合，创新"定、讲、查、改"岗检四个环节，通过网格对"物、事、人""责、权、利""量、效、质""监、查、考"进行锁定，力求红色网格治理模式在基层实现局面全受控、任务保落实、矛盾不上交、和谐氛围好、发展活力足的目标。

第七章　传承岗位责任制的经典故事

　　60多年前，大庆石油人发挥聪明才智首创岗位责任制；60多年来，大庆石油人躬身学习传承践行岗位责任制。一位位平凡的人物、一个个生动的故事，如浩瀚油海中的一颗颗小油滴，微光执炬下彰显了石油人的精神底色，默默无闻中绽放出石油的光芒。

　　一则则经典小故事，是守护岗位责任制的宣言书，是践行岗位责任制的英雄谱，是传承岗位责任制的播种机，是发展岗位责任制的助推器。我们从经典故事中汲取营养和智慧，感受责任与担当，将岗位责任制落实在行动上，体现在工作中，推动岗位责任制持续焕发生机与活力。

干工作要经得起子孙万代检查

这是铁人王进喜的一条工作信念,是会战时期大庆人的一种工作态度,也是石油人社会责任感和科学求实精神的具体表现。这种工作态度,要求石油职工立足当前工作,着眼子孙后代,责任心讲"实",技术讲"精",第一手资料讲"准和全",作风讲"严和细"。

1961年,铁人被任命为钻井指挥部生产二大队大队长,负责管理12个钻井队。他经常向工人们强调:"干工作要为油田负责一辈子,要经得起子孙万代的检查。"

在热火朝天的石油大会战中,一些井队为了追求钻井速度,忽略了质量,出现了一些问题,就连铁人带的1205队这样的标杆队钻的一口井也打斜了。

1961年4月19日上午,会战总指挥康世恩召开千人大会,对当时过度追求施工速度、忽视钻井质量的现象提出严肃批评,人称"难忘的四·一九"。

第二天,铁人王进喜到指挥部诚心诚意地作了检讨,并请求把1205队打的那口不合格井填掉,钻井党委支持他的意见。井队的工人含着泪水,迈着沉重的步子,跟着他背水泥,把那口刚刚超过规定斜度的井填掉了。有个同志难过地说:"填了这口井,就给咱们标杆队的队史写下了耻辱的一页。"而铁人却说:"没有这一页,队史就是假的。这一页不但要记录在队史上,还要铭刻在每个人的心里。要让后人都知道,我们填掉的不单是一口废井,而是填掉了低水平、老毛病和坏作风。"从此,铁人对安全、质量问题抓得更加严格,经常到井场、车间巡视,一旦发现,立刻解决。

王进喜还组织同志们到"三老四严"发源地三矿四队去学习严细作风,回来针对钻井井场大找差距,建立钻井生产的各项岗位责任制,并不时地强调"我们打井的,讲干劲,要猛如老虎;讲细劲,要细如绣花""办事情、干工作，不能光图表面，就是要'三老四严'，要里外一样才行"。

王进喜就是这样"干工作要经得起子孙万代检查"，树立了为油田负责一辈子和质量第一的思想，反掉了"低老坏"，又摸索出各种打直井的方法和经验，二大队的井打得又好又快又稳，1962年总结评比中，8个队被评为五好标杆队、五好红旗队；1965年，1205队钻井年进尺突破10万米，相当于新中国成立前42年钻井进尺的总和，创造了当时的世界钻井纪录。

岗位责任制永远不能丢

王进喜坚持"跑井"，积极践行"岗位责任制"，在深入实际中发现和解决问题。

1261钻井队在装法兰盘时，厚度差了一毫米，王进喜发了一顿脾气，叫他们换。带班干部却说："大队长，就差这么一毫毫，你抬抬手算了！"王进喜说："规定的东西你们就该自觉遵守，叫你换就该积极换，对付个啥哩！我今天放你一毫毫，你明天可能就差五毫毫十毫毫，没说的，换！"

像这样的事经常发生。

大队成立一年多了，王进喜越来越感到这个大队长不好当，过去当队长全队都在眼皮子底下，就是看也看出个先进来。可如今这么大一摊子，又天南海北哪都有，看也看不住，跑也跑不全，班子几个人全大队机关几十人整天地忙，仍然是"按下葫芦起来瓢"，事情不断。

正在他这样想时，上级给他送来了"锦囊计"。

会战工委要求全油田都要以中一注水站"一把火"为戒，学习北二注水站的经验，发动群众定立岗位责任制。王进喜参加了现场会，又听了传达，大受启发，深深感到定立岗位责任制实在是个好办法。他来到各个队，原原本本地把上级指示和中一注水站"一把火"的教训和北二注水站定制度的经验传达给大家，和干部、工人们一起查物点数、划岗定责，建立钻井队的岗位责任制。

有了制度，各队工作好多了，大队工作也很主动，可大队长却轻松不下来。王进喜认为，好的制度，贵在坚持。他并不因为人们自觉遵守各项规章制度而减轻自己的压力。除了经常性的督促检查，还随时随地做好宣传工作。每当大队演电影，他都利用放映前的时间组织考试和提问，指名道姓地叫一些队长、司钻和工人回答有关岗位责任制的问题，然后有针对性地进行讲解。如果有谁不守规矩，照样铁面无情。

铁人为了井，呕心沥血。他坚信无规矩不成方圆，高标准、严要求，全面提高工作质量。

蹲点北二注

1962年5月下旬，宋振明到北二注水站蹲点，刚到的那天，正碰上指导员秦时栋组织大家讨论"中一注水站一把火烧出什么"。结合自身找问题时，一班长田发林站起来说："我看有，一号泵断连杆就是一个例子。"经田发林这么一提，大家都回想到了一号泵的管理情况。

北二注水站是一个新同志占绝大多数的单位，大家工作热情很高，但缺乏管理的技术和经验。有一次，田发林按照自己的巡回路线，用了两个小时把站里的设备检查了一遍，刚走进值班室准备填写报表，突然站上的电工气喘吁吁地闯了进来，朝他大嚷道："班长，快、快，一号泵停了！"这时，田发林像屁股底下点了一把火，腾地站起来就向泵房跑去。到了泵房，就见泵工李连举正满头大汗地东摸一把、西敲一下。他到跟前问李连举什么毛病，李连举愁眉苦脸地说："没有查出来。"田发林说："别查了，快去把指导员和队长找来。"李连举应了一声，便箭一般地向队部跑去。后来，指导员秦时栋带领大家把泵全部拆开，才发现是连杆断了。这回抢修一号泵用了七八天的时间，起码要少注水一万

岗位责任制

多吨，直接影响了原油产量。

回想到这些事，会场顿时沸腾起来了。宋振明笑着向大家说："我们就是要有一个机器维修保养制度，做到专机、专人定期保养，这样才能避免事故的发生。"在会上，大家又共同回想了以往的工作情形，分别制定了岗位专责制、巡回检查制、交接班制度、质量负责制，加上开始拟定的设备维修保养制度，初步形成了"五大制度"。这"五大制度"后来与别的单位总结出的岗位练兵制、安全生产制、班组经济核算制归纳在一起，总称为"岗位责任制"。

1962年6月21日，周恩来总理到北二注水站视察，看了挂在墙上的"岗位责任制"后，满脸笑容地问道："这些制度是你们自己搞的吗？"值班工人回答后，周总理满意地赞许说："好！这样很好。"

日历牌的故事

会战初期，有一次时任大庆石油会战副指挥的宋振明同志到北二注水站化验室，看到墙上挂的日历牌与当天的日期不符。于是宋振明同志指着日历牌，问身后的站领导，"今天几号了？""今天是……"，站领导正要回答时发现了问题，连忙作自我批评："我们工作不细，该翻了没有翻过去！"宋振明同志对在场的同志们说："人人有专责，事事有人管，可要落到实处啊！"宋振明同志走后，指导员秦时栋、站长罗政钧商量，决定连夜召开党支部大会，全站的干部、党员围绕着日历问题，查找工作中的低水平、坏习惯。全站开展查问题、挖根源、整作风活动，把岗位责任制落到实处。

执行岗位责任制不走过场

岗位责任制建立以后，如何始终如一地执行好是关键。有一次，北二注水站的化验工小王深夜到大罐取水样时，从近一人深的蒿草丛中突然跳起一只野兔，把小王吓得拎着样桶跑回值班房。为了应付取样，他照着上一班的数据抄了下来，这一切被泵工祝良云看在眼里。他带着小王取回水样，进行化验，填下了真实的化验数据。指导员秦时栋知道这件事以后，感到小王这种填写假资料的现象说明个别职工执行制度不够认真，关键还是责任心不强，很有必要进行帮助教育。因此在晚间的职工大会上，他们组织大家进行讨论，使全站职工都认识到，执行岗位责任制不能图形式、走过场，无论在什么情况下，都要以高度的主人翁责任感，严细认真地执行好岗位责任制。从此全站职工人人都自觉按照岗位责任制的要求去做。在第一次岗位责任制检查中，领导们多次明察暗访，全站职工没有一个违反岗位责任制的，投产当年就被会战工委评为"五好红旗标杆单位"。

科学管库"五五化"

随着会战深入，到货物资激增，机电库的保管员每人管料增加上百项，最多时一个人管料2000多项。成千上万的物资，在库区、料场、库房内堆积如山。由于杂乱无序，导致发料缓慢。前线大会战，后线要大干。为了在大干快上的关键时期，确保物资保得上、保得快、保得好，保管员们对物资如何摆放做起了研究。1962年，全油田建立岗位责任制时，有的同志提出："要进行彻底的规范管理，明确责任，实行以小化大，以零化整，一五一十的管理方式。"这个建议对物资供应指挥部保管组组长朱登奎启发很大，从此，他开始着魔似的琢磨起来。

朱登奎当时只有26岁，每天天刚亮就跑到料场，一头扎进物资堆儿里，把齿轮和钻头一遍一遍、不厌其烦地摆来摆去，还蹲在雪地上画各种图形。甚至在吃饭的时候，他还用筷子和窝头研究，等到全家人都下了饭桌，他仍一门心思地做实验，不管别人怎么叫他都不作声。那段时间，家里人都以为他走火入魔了。功夫不负有心人，各种不同大小、不同形状的材料，让朱登奎按五五成堆、五五成行的办法给摆出来了。他根据各种物资的特性，研究出了"大五套小五""大方套小方"等33种"五五摆放"方法。比较常见的如梅花五、平方五、扇形五、重叠五、压缝五、仰伏相间五、平行五、三二五、二二一等。这样的摆放既稳固，又易于盘点，真正做到了"物资会说话"。经过几年实践完善后，"五五化"被推广到整个石油战线使用，并纳入石油工业部物资管理标准之内。

管道里的二十勇士

1962年9月，一条4.8千米的大型输水管线——萨龙管线已经预制完成。管工等着对管，焊工等着焊接，但还有一道工序——清管还没进行。如果在焊接之前管内杂物、垃圾没清净，将留下无穷的后患。以往清管很简单，就是用一个特制的清管器，这头伸进去，那头拉出来，把管内的砂石、草根、污垢都清出来就行了。但萨龙管线是大型输水管线，每根44米长，用过去的清管器不行了，得另想办法。

这看似平常、实际艰巨的任务，由工程指挥部二大队五中队管工小队负责。几天下来，小队长领着大家做了一个大号清管器，但放进去没拉几米就被螺纹内壁的毛刺卡住了；他们又做了一个大拖把，但还是不行。几种办法都不成功，大家急得团团转！这时，管工小组长杨永胜提出干脆人钻进去清扫。说干就干，杨永胜第一个站出来，他手拿一个半圆形铁推板，就往管子里钻。但他的身体太粗壮了，上半身刚进去就卡住了，进不去也出不来，最后被在场的同志拉了出来。这时站在一旁的身材瘦小的许协光立即说："我个头小，让我来钻！"

当时正值中午，初秋的太阳把管子晒得发烫。许协光钻进去感到又闷又热。44米一根的管子，连那头的光线都看不到。许协光手拿清扫推板，伸直胳膊往前推，推一点，往前蠕动一步，灰尘、铁锈呛得他喘不过气来。这种管线虽然是大口径，但对人来说还是太细、太窄了，许协光必须伸直四肢，保持着一种姿势往前蠕动。面前的垃圾越堆越高，每前进一步都很难，但他咬牙坚持着，终于看到了前面的亮光，清完一根管子整整用了20分钟。当同志们把他拉出来时，许协光满脸灰尘和铁锈，满身泥污，肩头、肘部、臀部、膝盖全被毛刺刮破，露肉的地方渗出了点点血渍。

杨永胜小组钻管线清扫成功了！消息在工地传开，其他小组立即学起来。从9月4日到9日，6天时间共有20名工人钻进管子里去清扫。他们历尽千辛万苦，钻了4.8千米的管道，彻底清除了管内的杂物，保证输水管线提前21天完成。管工张和平一人清扫了22根管线，当任务完成时，医务人员从他身上摘出36根铁刺！

一厘米见精神

1963年6月14日凌晨，射孔中队共青团员、助理技术员金世英，在值夜班时接到了大队转来的一份射孔测井图。经过认真查对，他发现图上标注的井口四通高度是43厘米，这使他产生了怀疑。以往的高度都是44厘米到46厘米，为什么这里出现了43厘米呢？他想："这不能马虎。射孔误差虽然允许有30厘米，但是那是在地下真正无法防止的情况下才允许的。这一厘米可能的误差是在地面上，一定要消灭它。"

虽然工作了一天后又值了一宿夜班，但一种高度的革命责任感使金世英决定把这一厘米弄明白。他立刻跑到大队调度室，找到了值班员查对了井号和射孔时间，当他知道这口井就要在当天射孔，而且射孔作业队已经上井时，他完全忘记了疲劳。为了不影响射孔时间，同时又要弄清这个可能的差错，他立即向大队和中队的领导作了汇报，队领导支持他这种勇于负责的精神，并告诉他："弄不清楚，这口井就暂不射孔。"

领导的决心给了他新的力量。他在队上把一切资料都检查清楚后，立刻带上图纸和卷尺到现场去实测。一辆顺路的"炮车"把他带到井排上，他又沿着井排走了 40 分钟，到达了井场。到达之后，他和正在这口井上的 1801 作业队的同志一起，用钢卷尺在井口四通周围仔细测量，实测结果是 44 厘米，不是 43 厘米。他把这个事实告诉了现场作业的同志，并找到了原来错写了数字的地质员，请他更正签字，最终消除了 1 厘米差错。

这时他已先后找了 6 个单位，询问了 9 个人，奔波 40 千米，连续工作了 30 个小时。当他把这一切都处理妥当，才感到自己眼皮发涩，两眼酸痛，但是想到准确射孔能多出原油时，心里却是无比高兴。听到金世英的事迹后，石油工业部部长余秋里亲自接见了他，并给予高度赞扬。

腰捆板凳清蜡

会战初期，采油条件极为简陋，油井清蜡全部使用手摇绞车起下刮蜡片。南二队工人汤根生当时才 30 岁，在一次清蜡时将腰扭伤，但为了油井多出油，他从未休息过一天，腰伤也没有及时治疗。起下清蜡钢丝和刮蜡片，腰使不上力，清起蜡来很困难。可他硬是咬着牙坚持，每次都痛得直不起腰，却从未耽误过。一次，在 1 丙 34 井清蜡时，豆大的汗珠直往下掉，每弯一次腰，都会带来钻心的疼痛。还剩下 300 多米时实在摇不动了，怎么办？请别人来帮忙？可别人也都在超负荷工作。不干了，等下一个班来干，自己的工作让别人干？一想到这儿，汤根生就感到脸发热。他倚在墙上想来想去，突然地上的一个小板凳引起了他的注意。他把板凳用铁丝紧紧地捆在腰部，像上了夹板一样，可以减轻一些痛苦。就这样，他终于坚持着清完蜡。同志们得知汤根生腰捆板凳坚持清蜡的事迹后，都被他这种岗位责任心所感动。后来，会战工委授予他"硬骨头汤根生"的光荣称号。

捞岩心

1963年10月,钻井指挥部3249钻井队担负打取心井的重要任务。本着为油田负责一辈子的精神,该队的4个班展开了硬对硬的竞赛。第一个回合不分胜负。

10月20日这天,轮到方永华班第二次钻进取心了,这可是关键的一仗。大伙挑钻头、选砂粒,样样干得精心,等起完钻倒出岩心来一看,取出的岩心才4.85米,而实际取心进尺是6.16米,那1.31米岩心掉在井里了。这时,钻台上的气氛立刻紧张起来,个个心情沉重。"下钻捞!"班长方永华大喊一声,工人们也都"呼"地扑上了各自的岗位。

为了把岩心一分不差地捞上来,全班按照分工,精心进行投砂、掉泵和起下钻,完全忘了饥饿和疲劳。岩心筒快起到井口了,钻台上没一个人说话,目光都集中在钻盘上,恨不得用手把岩心抠上来。结果,等岩心倒出来一量,新打进尺1.03米,取心1.26米,总共还差1.08米。此刻,已是晚上8点钟了,全班从清晨3点钟上班,已经工作了整整17个小时。指导员桂林把馒头送到井场,大伙都不去吃,说岩心取不上来,馒头也吃不香。全班要求第三次下钻。大队和队上的领导心疼他们,劝他们下班,下一班捞出的岩心仍算他们的成绩。方永华却抱住钻头说:"觉可以不睡,饭可以不吃,岩心取不上来不行!"全班都这么呼应着。后来,领导作出决定,叫他们先休息一会儿,由下一班换个钻头,划过眼后,再由他们班第三次打捞,大伙只好服从了。

躺在床上,全班的人没一个睡得着,心里都想着井下那1.08米岩心。等到三班划完眼,他们又冲上钻台接着干。这回他们更加注意选砂、钻进、参数配合、钻井液净化、挂泵、割心、起钻等每一个微小的动作，寒风扑面不觉冷，钻井液喷来做征衣，硬是靠"说到就办到，要干就干漂亮"的高度主人翁精神，把掉在井下的岩心，全部捞了上来。

钻炉膛

1963年11月，采油三矿四队所管泵站的锅炉由烧天然气改为烧原油，炉膛需要重新改装加固。

停炉这天，司炉工吴吉昌和伙伴们早早就来到锅炉房。锅炉熄火了1小时，炉膛却还灼热袭人。按规定，要在8小时以后，才能进入炉膛进行抢修。但这三台锅炉，如果有两台熄火，8小时以后再向管道供热，在寒冷的天气里管线就有可能被冻裂。吴吉昌想，不能等啊，等就要出事故，还要耽误生产用气和生活取暖。他实在是坐不住，等不下去了，脱掉棉衣，只穿着衬衣，就要往炉膛里钻。老工人宗家贵一把拉住他说："你别那么毛手毛脚，我比你经验多一些，我先进去。"宗家贵拉起一块毛毡，扔进炉膛，随后钻了进去。炉膛内温度太高，毡子扔进去一会儿，就被烤煳了。宗家贵干了不到5分钟，就被烤得满头大汗，实在扛不住了，说了声"不行"就退了出来。吴吉昌见老师傅退了出来，说了声"还是我来！"站在身旁的副队长一把没拉住，他就钻进了炉膛。炉膛里温度还很高，小吴能顶住吗？十几双眼睛紧盯着炉膛，十几颗心都紧张地跳动着。时间一分一秒地过去，小吴在里面飞快地忙碌着。20分钟后，只听里面喊了一声："好了！"小吴慢慢地爬了出来。大家赶忙围上前去，看到他的线衣、鞋子都被烤煳了，散发着一股焦煳味；他的脸被烤得像关公一样，黑红透亮；眼睛也被烤得充满了血丝。当大家要扶他去休息时，吴吉昌一转身，又钻进了待修的二号锅炉。队长急得直喊："小吴，你给我出来！""没事的！反正我的衣服都烤坏了。赶紧修好炉子，免得冻坏管线！"小吴在炉膛内回答，声音还很洪亮。又是20分钟后，炉膛修好了。吴吉昌从里面往外爬，队长伸手把他拉出来，说他不听话，太犟了，吴吉昌却笑了。由于小吴奋不顾身，及时抢修，两台锅炉提前 7 小时投入工作，所有输油、输气、输水和输暖管道，都确保了安全无事故。

管衣人的棉衣

1963 年 12 月的一个晚上，猛烈的西北风把木板房刮得哗哗乱响，一个人穿着一件烂棉袄，坐在一堆皮大衣旁，守卫着劳保库房。这个人叫宁第淼，是这个库房的保管员。

一条施工中的电缆线要从劳保库房地下通过，埋电缆的工人不管三七二十一，揭开库房的防潮地板就挖起来。沟挖好了，正好天近黄昏，他们下班走了，可库房墙壁下留了一个大洞。这就等于给盗贼开了一扇门，宁第淼赶紧找来木板，堵洞铺地。可是工程量太大了，加上天黑夜冷，一个人怎么也干不完，宁第淼决定留下来。他在一堆皮大衣旁边坐下，守卫着库房。小偷是不敢来了，但从大洞里窜进的那股贼风，却穿透了小宁身上那件烂棉袄，夺走身上的暖气，把他吹得瑟瑟发抖。小宁不管这些，像哨兵一样坚守岗位，寸步不离。直到夜里 9 点多钟，开会的同志回来帮他堵好墙壁铺好地板，他才锁好门回到宿舍。第二天，宁第淼病了，但他一声没吭，坚持上班又干了一天，等结完账往宿舍走时腿都抬不动了。伙伴们又心疼又埋怨地责备他："你可真是，守着一堆皮大衣却把自己冻病了，为什么不拿一件披上？"小宁说："我是保管员，劳保品进库什么样，出库还应什么样，我怎能乱动。再说，我这不是穿着我那件棉袄了嘛？"

小宁那件烂棉袄，是他舅舅穿了多年送给他二哥，二哥又转送给他的。里子面子都已破得不成样子，尽管已经补了十多个补丁，还有不少地方露着棉花。虽然算作棉袄，其实早已不挡风寒了。在病床上的宁第淼也意识到该换件棉衣了，不然总是冻病很影响工作。他想起自己还有一块家织的蓝布，组织上曾补助过两斤棉花，被服厂有个师傅也答应过帮他做棉衣。这样一想又很高兴，便谋划着想办法给自己做件新棉衣。

一个不怕死的华侨小伙子

1963年年底的一天，1205钻井队在处理井喷事故时，柴油机呼呼地喷着黑烟，天车发出吱吱的怪响，指重表的指针指向最大负荷，井架摇晃了，钻具仍提不起来。在这随时都可能井毁人亡的关头，队长王进喜抢过刹把，只让一名共产党员留在柴油机旁，命令其余的人都离开井架。王进喜扫了一眼，看到井口上还有一个测量钻井液密度的小伙子，就瞪圆了眼睛大声喝道："你怎么还不离开？赶快走开！"

那个小伙子也大声说："这是我的岗位，现在测量钻井液密度直接关系到能否制服井喷，我绝不离开！"王进喜由怒转喜，赞赏地说："好样的，有种！"就这样，这个小伙子和王进喜一起制服了井喷，保护了国家财产。原来这个小伙子叫许士策，是从北京地质学院毕业分配到油田，来1205钻井队实习的，还是印尼华侨。

那他又是怎样回国来到大庆的呢？1955年4月，参加万隆会议的周恩来总理，在百忙中接见了印尼华侨的各界人士，年仅16岁的学生许士策也荣幸地受到了接见。他仰望周总理，聆听他亲切感人的话语，感动得脸上挂满泪珠。听着周总理讲述社会主义新中国的情景时，许士策不断在心里默念："祖国啊，我要为你贡献自己的一切。"他要回国报效祖国的愿望越来越强烈。当年6月16日，他告别条件优越、生活富裕的家庭，只身回到了祖国。在国内他读完了高中和大学，毕业后积极投身到大庆石油大会战中，报效祖国的石油事业。来到1205钻井队，他不仅努力学技术，还时刻以王进喜为榜样，锻炼自己的意志，使自己成了一个意志坚强的小伙子。

夜守干线炉

1964年初的一个晚上,风雪交加,由于风大气温太低,个别油井出现了冻井问题,油田生产受到影响,产量很不稳定。中四队队长辛玉和那几天发着高烧,他想到5排干线加热炉烧的是天然气,容易被风吹灭,而且负责这项检查工作的是一名不太熟悉工作的新工人。尽管他浑身酸痛,一站起身就头晕目眩,但他还是毅然披上大衣,往干线炉跑去。当他跑到干线炉时,火苗被风吹得时大时小,随时都有刮灭的危险。他就把身上的大衣脱下来,盖在加热炉的门上。自己则蹲在炉门口,一直守了一个多小时,手脚都冻僵了。后来工人巡回检查才发现了他,值班工人很受感动,哽咽着让辛玉和回去休息,但辛玉和仍坚持在加热炉守到半夜,直到风小了些,他才在值班工人的扶助下回到住处休息。

五毫米看作风

1964年2月28日,油建指挥部的领导,各大队、中队的干部及机关干部、工程技术人员和工人共604人,在总机厂的建筑工地上召开现场会。走进会场,首先映入眼帘的是一堆长长的钢筋混凝土大梁,会场里放这些材料实在显得突兀和难以理解,人们不禁在心里暗自揣摩。

会议开始了,油建指挥部指挥的一番话终于让人们明白了那堆东西的特殊作用。这位指挥在会上没作报告,也没作指示,却代表领导首先在会上做起了检讨。说由于他们思想里缺乏高标准,工作不深入,检验不严格,这些大梁的少数地方比规定的质量标准宽了5毫米。人们把目光再次投向这10根10米长的钢筋混凝土大梁。可看了半天,人们发现,这些大梁表面平整光滑,根根粗细一样,即使最能挑剔的人也难以找出什么毛病来,不由得在嘀咕:"5毫米不过一片韭菜叶,值得为它兴师动众地开一次几百人的现场会吗？""值得！"党委书记的话掷地有声，他说："好作风必须从小处培养。只有抓住微不足道的小问题，才能防微杜渐，避免发生大问题。"

领导带头检讨，大家坐不住了。负责施工的二大队六中队的职工，检讨了他们没有做到人人出手过得硬，道道工序质量全优；工程技术人员检讨了他们没有严肃认真地执行验收标准，质量关把得不严。检讨做完之后，指挥部领导抄起大锤、扁铲等工具，冒着寒冷，光着手把大梁上宽出的5毫米铲掉，磨光。大家说："这铲掉的哪里是5毫米混凝土，铲除的分明是马马虎虎的低标准思想和凑凑合合的坏作风，我们用砖头磨掉了多出的5毫米，可擦亮了我们的眼睛。"

现场会后，自觉从严的好作风在工作中处处体现出来。以"自觉从严、好字当头"而闻名的油建十一中队，在大找差距中总结到：看别人的成绩，要用放大镜，点滴不漏，发扬光大；找自己缺点，要用显微镜，不放过一个低标准；前进中要用望远镜，站得高、看得远；解决问题，要用聚光镜，抓住主要矛盾，从根本上改正。从此，油田上下狠抓这四面镜子，天天照、人人照，照出了高水平，照出了高标准，照出了前进的方向。

压差计"穿"雨衣

以高度的主人翁责任感和严细认真的态度去对待每一项工作，坚持做到事事高标准，这些好做法在5排65井组蔚然成风。一次，井组采油工任国友同志值夜班，在测气的时候正好赶上下起了大雨，他凭借着丰富的经验马上意识到，如果有雨滴掺杂，测气值肯定会有偏差。为了不让雨点滴进U型管内，影响自己读准压差计上的刻度，他干脆脱下雨衣盖在压差计上，自己的多半个身子却露在外面淋雨。即便是这样，他也未漏测一个数据，还将自己所测量的每一个数据都工工整整地记录下来。等到测气完成时，他全身已经被雨浇透。他的举动被夜间查岗的同志们看到了，问他："为啥非要顶着雨测气呀？雨停再说呗。"任国友认真地回答说："我们井长李天照就是靠严细认真的态度保证了井组资料录取全准，咱们干工作就得像他那样，坏天气和好天气一个样。"

十查配合比

1964年的施工黄金季节，工程九中队担负了一座转油站的土建任务，为了高质量完成任务，中队所有干部都下基层参加劳动，以便及时发现和解决问题。

中队长刘玉春来到了拌灰组。一天，他发现有一锅沙浆配错了，按规定，挑浆的人必须对沙浆标号进行检查，发现有问题就返工，可力工老苏挑上就走。他当即批评了老苏。第二天，刘玉春又观察到组长小常把沙子斗数量错了，老苏给他指出时，小常虽然返工了，却满脸的不在乎。刘玉春想，问题在于拌灰组对沙浆质量不够重视，必须从根本上解决。第三天，刘玉春和小常一起劳动时，发现小常又把沙子斗数量错了，便把小常和老苏叫到一起开了个小会，他给小常讲了保证沙浆质量的重要性，讲了怎样认真按百分比标准配料。然后诚恳地对两个人说："工作难免有错，只有思想上重视才能按要求办事，咱们可都要把住质量关，负起责任来呀！"两个人都承认了错误并表态说："队长，欢迎随时再查。"小常和老苏认识提高了，其他人思想通了没有？第四天，刘玉春看到小常干得很认真，老苏也检查得很仔细，可快到午间时，拌灰工老梁多量了一斗沙，把配合比搞错了。这回没用刘玉春出面，小常召开了现场会，他先是检讨了自己对质量的忽视，同时也批评了老梁。刘玉春看出老梁思想上还有疙瘩，便利用午休时间找老梁聊天。老梁说："砌这么多墙，我没见因沙浆配合比不对裂了的！"刘玉春听出老梁还不明白其中的科学道理，耐心地给他一步步讲解，最后说："你多量一斗沙，沙浆的标号小了，强度不够，墙的寿命就要缩短，能用 100 年的，可能只用 80 年，这严重后果几年内看不出来，但后患无穷！"老梁越听越明白，心悦诚服。刘玉春第五次去拌灰组上岗，观察一上午，拌了九大锅沙浆，配合比一点也没错，当晚他在全中队会上表扬了他们。从那以后，刘玉春又抽查了五次，再没发现有错，大家都能严格按照标准工作。

从小的工作做起

一次，中四队采油女工胡法莲发现一口井清蜡阀门轻微渗漏，几个小时才渗出一滴油，觉得这是小事一桩，没当回事儿，当时正忙于给水套炉加水，把渗漏用擦布一擦就过去了。过了几天，清蜡阀门突然喷出油来，小问题成了大问题。这件事对胡法莲教育很深，使她认识到"小"和"大"是相互联系的，在一定条件下就要转化。"大"是由"小"发展起来的，是由"小"组成的，贯彻岗位责任制要从无数小事做起。认识到这一点后，胡法莲工作处处从小事着手，坚决把岗位责任制执行好。

砖刻数据

盛夏的一天，采油工艺研究所几名科技人员到井场搞分层配水测试工具试验。对于搞科研的人来说，第一手资料就是命根子，而分层配水测试工具试验又是一个重大的工程项目，因此第一手资料就成为重中之重。

大家正聚精会神地工作，突然间，倾盆大雨肆意地泼洒下来。他们没带伞，也没带雨衣，毫无遮挡的井场没有避雨的地方。身体淋湿了，他们倒是一点也不在意，但纸怕雨水，资料没法记，几个人非常着急。他们知道，同油层作斗争，完全靠掌握齐全准确的第一手资料，如果今天资料记不全，就会给下一步研究工作造成损失。焦急之中，他们抬头望向四周，心里怨恨着不看时候的老天爷。负责记录的钟明友更是着急，举目四望，看见有几块红砖躺在井场边上，心头一喜：红砖可以刻画刻字，当然也可以刻数字，何不把数据记到红砖上。他向着红砖跑去，其他人惊讶地问他："你干什么去？"只见他抱上那几块砖，飞一样跑回来。有的同事理解了他的意思，不禁高兴地笑了出来，有的同事还是一脸疑惑。钟明友跑到近处，兴奋地向大家说出自己的想法。他还找来一根铁钉，示范着把一个实验数据刻在红砖上："这样不就好了。"不明白的同事恍然大悟，都暗暗称好。找到了办法的钟明友为自己的"新发现"高兴极了，快速而认真地刻着。那用力刻下的数字，清晰而工整地排列在红砖上。雨依然哗哗地下着，人们紧张而忙碌地试验着，没人关心雨能下多久，更没人在意身上的雨水。试验终于顺利结束了，钟明友已经整整刻了四块红砖，他把红砖小心放进工具袋里，心满意足地背回试验室。晚上，他又把红砖上的数据依次抄在记录纸上。办法总比困难多。多少年过去了，那些"黑色的金子"被勇敢的大庆石油人从地下调动出来，遇到的困难数也数不完，但是他们总是有办法战胜那些困难。

为下道工序负责

汽车修理厂二级搪瓦工亢新凤搪出来的连杆瓦，下道工序不动刮刀就可以组装。大家都夸她"产品质量过得硬"。问她有什么秘诀，她说："要产品质量过硬，首先得思想过硬。必须树立起为产品质量负责，为下道工序负责的观念。"

过去车间领导要求她保证搪瓦质量，做到下道工序不动刮刀就能组装，为提高全车间的劳动效率创造条件。可小亢认为一根头发还有7丝呢，搪那么大一个瓦要一丝不差，很难办到。差那么几丝，下道工序用刮刀找一找也没啥。由于思想上没有高标准，所以领导提出的要求总是达不到。有时质检员卡得紧点，她的产品质量就好点，但也巩固不住。

在向"自觉从严、好字当头"的油建十一中队学习中，亢新凤对照先进找差距，认识到由于自己有"低标准、过得去"思想，经常把次品滑过去，不仅给下道工序增加了工作量，也影响了全车间的工作。从此，她下定决心提高搪瓦质量，宁要一个"过得硬"，也不要九十九个"过得去"，绝不给下道工序找麻烦。她在工作中非常精细，反复核对图纸尺寸，没有把握不开机器，保不住质量不吃刀。加工完之后，再反复检查，直到自己满意才交给质检员。从那以后，她搪的瓦下道工序再也不用刮刀刮了。

亢新凤搪瓦质量有保证，为全车间顺利完成车辆检装任务创造了条件。过去3人1天才组装3辆车的连杆总成，现在1人1天就可以组装4辆车的连杆总成，而且质量全优。

三查钻杆

1965年初的一天夜里，32139钻井队采集员古存义接了零点班，副队长张建芝问他："要下井的60根钻杆有没有问题？"他说："白班查过了，没问题。"

张副队长问完就上钻台去了。古存义开始寻思，自己没有检查，万一要有什么问题就会影响钻井质量。不行，自己还得查一查。于是，他找了个手电筒开始检查钻杆。天很冷，钻杆上结了一层霜，用手套一抹就变成了一层薄冰。钻杆上的尺寸、编号都看不清楚。古存义一根根仔细检查着，不一会儿全身就冻透了。检查了4根钻杆都没问题，他想，看样子没啥问题，可以下井了，于是就直起腰回到值班室。他一边暖和着身子一边想着刚才检查钻杆的事：只检查了4根，其余那56根呢，敢保证没问题吗？不行！还得逐根检查。他拿起手电筒，再次来到了钻杆旁进行检查。他一根根地查呀、记呀，过了好长时间，终于把剩下的

56 根钻杆都查完。确信没啥问题，才又回到值班室取暖。

古存义坐在值班室内，想着刚才的事，心里越来越不踏实了：自己开始就存在马虎思想和侥幸心理，先查了 4 根，第二次又查了剩下的，会不会有几根查串了呢？这能算"三老四严"吗？越想越坐不住，他第三次走出门外，从头查起钻杆来。严冬的午夜，寒风刺骨，不一会儿脚麻了，手指冻得连手电筒都拿不住，身上厚厚的棉工衣好像窗户纸似的，寒气直透进骨头里去。然而，古存义毫不动摇。他觉得，一个共产党员，一个石油工人，在任何困难面前都不能畏缩，在任何时候都应该严格要求自己，把工作任务完成好。他一根一根地查，一字一字地对，60 根钻杆查到头，上百个数据对到尾，查出了 4 根错了序号的钻杆，及时把它们调整过来。

他第三次回到值班房时，虽然冻得几乎走不成路了，但心里好像打了一次胜仗那么高兴。

一滴油渍也不放过

1965 年 4 月的一天，青年徒工姚希先按时来到水电指挥部变电站上夜班。寂静的房间内没有任何人，姚希先在心里想着应该怎么去做，默默地按照要求，认真地进行着例行的巡回检查。一遍、两遍……每一遍检查，他都睁大眼睛，仔细观察，认真寻找，生怕会漏掉什么。突然，电容器室的电缆沟引起了他的注意，那是什么？地上好像有黑点，凭判断，他知道那一定是油迹，如果不仔细看，可能就被忽略了，但姚希先却像边防战士在国境线上发现一个可疑的脚印一样，立即跟踪检查起来。

姚希先的目光缓缓地扫描着 96 个电容器。一个、两个……直到 96 号电容器，终于发现了"敌情"：在电容器的背面滴下了一滴油。为了看清楚滴油的情形，他趴在地上观察了一分钟，共有 14 滴油落到地上。

仔细一算，他大吃一惊：一个电容器装的油本来就不多，时间一长，电容器里的油会大大减少，油少了就会发热，就可能发生爆炸，甚至要毁掉这个电站，给油田带来重大的损失……想到这里，他没有半点迟疑，立刻将情况报告领导。处理事故的人来了，马上采取紧急措施，电容器又恢复了正常。隐患消除了，供电也安全了。人们都说，这个年轻人工作真是认真负责，能及时发现事故苗头，不然，后果不堪设想。这件事很快传了出去。有人问他怎么会这样去做。小姚回答得自然而轻松："我的师傅就是坚守岗位、最讲认真的人。我当徒弟的，就是要踩着师傅的脚印走。"

父女井场相会

1965年麦收之后，采油女工王淑芳接到家里来信，说父亲要到油田来看她，看到信，才想起自己来到采油一部三矿二中队工作已经三年了，也三年没有回过家了。父亲来的那天，王淑芳上8点班，正好在中6-17井清蜡。老父亲拿着女儿的信找到井上，一进值班房的门就喊了声："淑芳！"可是王淑芳竟没有回应一声。当听到父亲喊第二声时，她把自己坐的小凳让出来，也没有出声。徒弟小王把小凳挪到桌子边，让老人坐下。老人坐在桌旁有些心酸。女儿这是怎么了，连叫两声都不理睬。恍惚间，女儿关了电机站起来，又跑出去上房顶上忙了一阵，回来后说了一句："爸爸，您先坐坐，我一会儿就来。"然后领着徒弟匆匆忙忙出了屋。

王淑芳清完了中6-17井的蜡，赶紧去清中6-16井，这口井的蜡很难清，她不敢怠慢，可等她回来时，值班房已人去屋空，只剩下个小板凳，还在那里孤零零地放着。她跑到井场四处张望，不见父亲踪影，喊了几声也没回音。这时，王淑芳眼睛湿润了。徒弟说："去找找大伯吧。"王淑芳说："不行，上班时间不能脱岗。"她狠着心不去想这些，继续做井上的工作。

日头偏西了,王淑芳按照交接班路线交接完毕,她立即拿起头巾和饭盒跑出值班房去寻父亲,迎面看见父亲正站在那里。她喊了一声"爸爸!"一头扑进父亲的怀里。父亲推开女儿,表情严肃地说:"你不是不认爸爸了?"王淑芳见父亲还没消气,就解释说:"在家时,你和妈妈不是经常叮嘱我,工作以后要听领导的话,我们制度规定清蜡时间不准说话。这项制度谁也不能破坏,清蜡时间不管谁来都不能说话。"这时徒弟也从旁帮着说:"17井是参观井,就是大首长来了也是这样。刚才你来时,师傅她正在……""甭解释了,我在别的井打听明白了。你们大庆的'三老四严'可真严啊!"父亲的脸再也绷不住了,笑着说:"给,这是爸爸给你买的奖品。"说着从背后拿出两样东西来。王淑芳一看是自己最爱吃的水果,高兴地说:"爸爸你可真好!"

徒工帮队长

1965年年底,全油田第40次岗位责任制检查的前夕,采油一部综合七队队长王方到6井来预查。他发现井上有一个破铁桶,里面装着漆瓶、旧手套、破毛毡,就随手一件一件掏出来,远远地扔到水泡子里,并说:"又消灭了一个低标准。"当时,徒工小冯正在场。队长王方走后,小冯越想越觉得这件事有点不对劲儿:队长严格要求,井上不留一点影响规格化的东西,清除一切"低标准",就得从人的思想、作风抓起,不能这样就事论事;再说,把漆瓶、旧手套、破毛毡扔掉也是个浪费呀。小冯总觉得是个事儿。

正巧,没过几天,队长王方又来到了这个井,与小冯一起搞分离器保温。两个人一边劳动,一边谈心交换意见。小冯首先检查了自己工作不够严细,肯定了队长对工作的认真精神,然后,她就几天前发生的那件事对队长进行了批评。她说:"把杂物简单地扔到水泡子里,是去掉了一个规格化中的'低标准',但是,却去不掉人们思想中的'低标准'。头疼医头,脚疼医脚,队伍怎么带呀?"几句话,说得队长王方连连点头。他心悦诚服地说:"对呀!抓思想,哪怕是一件小事,也要想到带队伍应先抓思想政治工作才行啊!"

一个普通徒工,对于带队伍、管生产可能是毫无经验,但是她那种高度的政治责任心和敢于直言的诚恳态度,却使队长受到深刻的教育。他常对干部们讲,不可小瞧群众,要时时处处注意向工人学习。

钥匙配对锁自开

1966年冬季的一天,中四队队长辛玉和到一口井上检查岗位责任制时,发现值班房的门环上竟留下了烟熏火烤的痕迹,很生气,心想井场里不准动用明火,不知道是谁违反了制度。经过了解,原来因为天冷,锁冻了打不开,采油工樊成太巡回检查时,用火烤了一下。辛玉和便在井组会上批评了这种做法。

樊成太诚恳地接受了批评。可事后辛玉和的心里还有疑问,樊成太是党员,又是红旗手,对制度一贯了解得清、执行得严,怎么会出现这种情况。他决心再好好了解一下,并让井长文金贵找樊成太谈一谈。

不久,樊成太用火烤锁的事情弄清楚了。那天傍晚,樊成太提前来到一口井巡回检查,当他开门时,发现锁冻住了。这口井和邻井清蜡共用一个变压器,他已和邻井采油工约定好,6点整,这口井停电,邻井通电。他看了看表,时间不多了,赶忙甩掉手套,打开蒸汽管线放空阀门,用蒸汽吹锁孔,准备烫化里面的水。可天气太冷了,蒸汽吹过去后,冻锁反而变成了冰坨坨,冻得更实了,眼巴巴望着打不开的锁,他心里急得像猫抓一样。进不去屋,6点钟这里不停电,只要邻井一合闸,变压器就有烧毁的危险。西北风越刮越紧,樊成太两手冻得又僵又红,可头上却急得汗珠直滚。他着急中,想起用火烤,忙从怀里摸打火机，用身体挡住风，烤起锁来。

事后，樊成太深深自责，在井场上用明火，明摆着就是违反了制度。"严细成风"是中四队的传统，不能因为情况特殊、动机好就原谅自己。因此他虚心接受队长的批评，没做任何辩解。

调查研究解疑难，实事求是见真心，钥匙配对锁自开，辛玉和想，"两分法"是解决问题的金钥匙。在一次会议上，辛玉和以"两分法"为武器，具体分析了樊成太烤锁前后的思想，指出了他的负责精神和不足，并检查了自己调查研究不到家，犯了看问题片面的毛病。问题彻底弄清，妥善解决，使大家都受到了教育。

撕不掉的岗位责任制

那段特殊时期，个别人鼓动掀起了一股否定大庆岗位责任制的黑风。有人胡说，岗位责任制是管、卡、压，是套在工人脖子上的枷锁，到处煽动工人停产。大庆工人坚守岗位，坚持生产，与这种势力进行了针锋相对的斗争。1967年初，一伙人在周总理视察过的6-32井召开所谓的"砸烂岗位责任制大会"，把附近油水井上的《岗位责任制》都撕下来，"演出"了一场火烧责任制的闹剧。之后，几个人窜到最早建立岗位责任制的北二注水站，胁迫工人去参加批判会。在场的老工人苗安安斩钉截铁地说："你们撕掉墙上的，撕不掉我心里的。我们该怎么干，还怎么干！"

另几个人跑到中一队，恶狠狠地质问正在交接班的老工人王友全："你知不知道岗位责任制是管、卡、压？"王友全回答说："你说的我怎么听不懂！""老王头，你只知道低头拉车，不会抬头看路。"王友全义正词严地说："我只知道岗位责任制是我们自己定的，我只看到我们生产的原油流向祖国各地，心里高兴。"那几个人撕下墙上的"岗位责任制"摔在地上，王友全捡起来贴在胸口上，大声地说："你们撕了墙上的，撕不掉我心里的。想让我们停产，休想！"几个家伙灰溜溜走了，油水井站照样正常生产。

"爱财迷"

提起采油二部机械厂的哈文良小组，熟悉这个组成员的人都笑着称他们为"爱财迷"，说他们算计起来，连"一厘钱"都计较。原来，大家所指的是他们在工作中，时时处处注意勤俭节约，出了名的精打细算，发扬"一厘钱"精神，为国家节约每一寸钢板。

一次，锻工班做锻炉的炉鼻子和炉门，需要长15米、直径18毫米的钢筋和两块30多毫米厚的钢板。接过料单，哈文良他们开始琢磨起来：废料堆里还有许多钢筋头，为什么不把它们利用起来呢？于是，大家你一根、我一截，在废料里找出了一些符合要求的钢筋头。把这些指头长的钢筋头一根一根接成15米并不是一件容易的事，但只要能节约材料，他们谁都不怕麻烦，既细致又保质保量地焊接着，很快解决了15米钢筋材料的问题。接着，小组成员又找到两截管子头，用气焊割开，然后烧红展平，正好代替了所需的两块钢板。

一天，哈文良小组的材料员祁忠荣要下130个水井镜孔板的料。按照图纸的要求，他找来一块钢板。第一次按尺寸画圈时，祁忠荣发现钢板不够用，他并没有马上下料，而是开始重新计算，合理布局，这样计算的结果发现钢板四周还剩一点点余边。于是，他第二次画圈时便向外扩了扩，刚好能下130个料。按说祁忠荣这样做，已经够节约了，但他还是不肯罢休，他想，钢是国家的宝贵财产，是人民的血汗，能省一点是一点，能节约一点就再节约一点。于是，祁忠荣又蹲下身来，前看后看，边看边琢磨，他发现原来的下料法是圈对圈，横竖成行，圈与圈之间的空隙也造成了不必要的浪费。通过一遍遍地测量和设计，他最后改用圈对空的环套下料法，竟节约了1.3平方米的钢板。

"活账本"

1974年的秋天，大庆油田物资处萨尔图仓库柴配组新来了一名蒙古族姑娘齐莉莉。到任新工作岗位10多天，师傅将一部分管理物料工作交给她独立操作。但由于操作不熟练，她总是事倍功半。有一次，甚至将对方要的几千克重的小磁电机错给成几十千克的重电机。人家抬着电机找上门来时，还说了难听的话。那一次，齐莉莉在库房外掉下了眼泪。老师傅朱登奎知道后，亲切而又严肃地问她："有志气的青年，能让困难吓住？只要你肯勤学苦练，就会翻好这账本。"此后，不论是上班时还是下班后，齐莉莉就像着了魔似的一项项、一个个地反复背记各种物料名称、库存数量和价格。一次在家，母亲问齐莉莉换下的衣服放在哪儿了，她不假思索地答出"在7库3架9层106号货位上"。

不疯魔不成活。3个月后齐莉莉不仅能叫出这些被她称为"铁疙瘩"的材料名字，也渐渐和它们产生了感情。不到半年时间，齐莉莉就从手忙脚乱变成可以从容应对每天20个单位领取数十种物资的工作。1975年，大庆油田计划上产5000万吨，无疑对生产物资需求量更大。这让齐莉莉的工作更加忙碌——需要一年365天保生产，一天24小时保前线。一天晚上，调度部门通知齐莉莉所管仓库提供一个配件，她和同事在照明情况不好的库房里找了很久。虽然最终找到所需配件，但齐莉莉因让对方等待过长时间而怀有很深的歉意。这个夜晚，齐莉莉陷入了沉思：晚上能不能也快速地发料？万一停电怎么办？没有灯，闭着眼能不能也顺利地把物料发出去？"蒙目摸料"的想法从此扎根在她的脑子里。

齐莉莉借助岗位练兵，随即开始练习"蒙目摸料"。只要有时间，齐莉莉就蒙起眼睛用心测步、量距离。身边的同事看她东倒西歪走路的样子，都笑她："小齐呀，有天生的明亮眼睛不用，偏要冒傻气。"但别人的不理解和撞在料架棱角上的疼痛，并没有阻止齐莉莉坚持不懈地练习"蒙目摸料"本事。即便是在家里，她也会蒙上眼睛摸茶杯、茶碗，养成晚上不开灯走路摸物的习惯。一段时间过后，齐莉莉终于能用手分辨出那些用肉眼都很难识别的器材型号和规格。练就蒙目摸料的"绝活"，使工效提高了六倍，帮助用户解决了急用料难题。一天晚上，齐莉莉在值班室整理数据。10点多，保管员夏银霞打来电话说："钻井前线急需10个拖拉机支重轮密封线圈。"齐莉莉在电话里脱口而出告诉夏银霞密封线圈的位置、规格和数量，前后不到1分钟，等她走到库房门口，料已经装上了车，领料员有点发蒙，说："这黑灯瞎火的，你们这么快就找到了料了，是真的吗？"齐莉莉说："没错，不信你看看。"提料员仔细核对，连声称赞，不愧为"活账本"。

"08分钟"的小尾巴

北二注水站不但老同志人人素质过硬，青年工人也像他们一样个个素质过硬。在20世纪70年代，北二注水站的1号泵已经运行了50000多个小时，当时的资料员青年女工郭春芳在整理设备档案时，误把运行记录小时冒号后面的08分钟记成了00分钟。这点失误，一般认为情有可原。可郭春芳不这么看。她在复核资料的时候自查出了这个问题，不是简单地把"0"改作"8"，还主动地在班组会上不止一次地做自我批评。说自己这点马虎大意，差点影响了站里的资料全准，险些酿成大错。这件事使全站职工们认识到，执行岗位责任制就要一丝不苟，来不得半点凑合。于是1号泵这个08分钟的小尾巴就一直挂了下来，直到1983年这台泵更新。在这21年的时间里，1号泵累计运转122808小时08分钟，这个08分钟的小尾巴硬是年年、天天、班班、人人记录下来，经过了22680个班次，一人不漏，一次不漏。

千里背岩心

1996年11月6日夜，满洲里火车站，一位背着背包的30多岁的年轻人，急匆匆地登上了开往大庆的火车。

他就是钻探工程公司录井一公司海拉尔录井队队长史立新。原来录井队在录取贝10井过程中，技术人员经过认真分析对比，发现这口井可能存在比地质设计井深层位提前的情况。为了让上级领导及时看到第一手资料，为科学勘探提供正确决策依据，史立新精心挑选有代表性的岩心样品，用保鲜膜一层层细致地包好，小心翼翼装入背包里，连夜赶到满洲里火车站，踏上了返回大庆的火车。强烈的责任心，让他认识到自己背的不仅仅是几块从千米地下取出的石头，更是上级领导和技术人员观察判断油气水层最直接最有效的证据。由于取心层段岩层疏松，油质轻、易挥发，岩心样品的磕碰或油质的挥发，都可能给判断地层情况带来不可弥补的损失，于是他精心呵护，把层层包好的岩心时刻背在身上。在车上，他背累了，就把装岩心的背包轻轻地从身后移到身前，困了就喝口水，实在挺不住就掐自己的大腿，就这样他一夜没有合眼，把岩心完好无损地带回了大庆！就是依靠对这些岩心样品的分析，发现了今天海拉尔盆地的主产区块——布达特油藏，同时也为贝302井的重大油气发现奠定了基础。在贝16、贝28等井，他同样用背包把一块块沉甸甸的岩心背回了"大本营"，以科学严谨的作风，时不我待的工作态度，为海拉尔盆地科学勘探开发提供了及时有力的证据。

一条防松线

2016年5月的一天，第一采油厂第二油矿北八队采油工结束了上午的巡检工作，陆续往队里走。可这个时候，5排65井组的井长伍岳却拎着一小桶油漆急匆匆地往井上赶，迎面走来的同事见他着急的样子，以为井上出了什么事，一问才知道，原来上午伍岳在巡检52-P278井的时候，听到这口井的曲柄销子有异常响声，经过仔细检查发现是紧固螺栓损坏，于是他立即向队里进行了汇报。当维修班换完固定螺栓后已经 11 点了，按照规定，紧固螺栓更换后必须及时画上防松线，虽然已经临近午休时间，可伍岳仍然毫不犹豫地回队里取来油漆和工具，准备去画防松线。

同事犹豫地说："刚紧固完的螺丝，你下午上井的时候再去画防松线也来得及啊，再说马上就要吃饭了，也不差这一会吧？"可伍岳觉得，自己作为"四个一样"发源地 5 排 65 井组的一员，干工作就得自觉从严，不能有侥幸心理，要是不及时画上防松线，可能就会给安全生产带来隐患，就是回去心里也不踏实，于是他抓紧向井上赶去。

等伍岳画好防松线回到队里，已经过了吃饭的时间，食堂的炊事员大姐一边给他热饭一边感慨地说："你们 5 排 65 井组干工作可真认真啊！"党支部书记周传宝知道了这件事之后表扬伍岳："好样的！当年 5 排 65 井组老一辈的工人下着大雨坚持巡检，执行制度雷打不动，今天伍岳不吃饭也要先画好防松线，安全生产一丝不苟，5 排 65 井组工作就得这么干，'四个一样'的优良传统啥时候都不能丢。"小小的一条防松线，让我们看到的是"四个一样"井组一代代工人执行制度不走样的执着精神，体现的是井组员工严细认真的过硬作风，也印证了高度自觉精神的代代传承。

人拉肩扛换管线

2020 年下半年，产量形势一度紧张，中四队全体员工想尽一切办法，抢白天，战黑夜，产量刚刚抬了头，可 2 号计量间的集油管线出了问题，好不容易抢出来的产量，都给"吃掉了"。队长王一伦领着大家算了一笔账：立项更换就别想了，从申报到施工，加急也得需要些时间，等待的每分每秒产量都有可能流失；简单修补能对付用，但不能从根儿上解决问题。最有效的办法就是自己换，既快还能治本。大伙一致同意，说干就干！

那段时间连着下雨，埋管线的地方变成一片沼泽，王队长穿上水衩，扛起铁锹，背着探测仪，带着大家在泥水里一米一米地找。有的地方管线间互相干扰，仪器信号时好时坏，不好的时候，就用锹挖，插上小旗标清位置，就这样一路走、一路挖、一路插，从早上9点干到下午4点，插了900多个小旗，管线走向摸得清清楚楚。第二天一早，大家捋着探好的路开管线沟，有个地段情况特别复杂，挖沟机不敢碰，大家就人工挖出一条200米长、2米深的管线沟。沟是挖完了，新的问题又来了，这稀泞的沼泽，送管线的车进不来，已经疲惫不堪的大伙儿又咬紧了牙，二话没说，扛起几百斤重的管线，一根根地往里运。有的人肩膀肿了，疼痛难忍也接着干，有的人腰椎间盘突出累犯了，硬挺着也要跟着往前抬。终于将117根长3.7千米、重18吨的管线全都铺设到位，一下抢出近30吨的油，省了10多万元的施工费。

附　录

名词解释

◇◇ 三基（第1页）

"三基"，即以党支部建设为核心的基层建设、以岗位责任制为中心的基础工作、以岗位练兵为主要内容的基本功训练。

◇◇ 五级三结合（第9页）

由小队、中队、大队、指挥部、会战指挥部"五级"，干部、技术人员、工人"三结合"的一种会议制度，是企业民主制度的一种形式。石油会战初期，每年召开"五级三结合"会议和"五级三结合"技术座谈会，总结、检查工作，讨论、研究油田政治、经济、生产、技术上的重大问题。这种会议在当时起到了职工代表大会的作用。1962年，大庆企业职工代表大会制度建立后，"五级三结合"会议制度作为企业民主管理的一种形式一直坚持。贯彻执行这一制度，保障了广大职工在审议企业重大决策、监督行政领导等方面的权利，激发了广大职工参与企业管理的积极性，为企业领导决策提供了坚实的群众基础和科学依据。

◇◇ 三清四无五不漏（第26页）

"三清"，即厂房清、设备清、场地清；"四无"，即无油污、无杂草、无明火、无易燃物；"五不漏"，即不漏油、不漏气、不漏水、不漏电、不漏火。

◇◇ "两论"起家（第36页）

"两论"，就是毛泽东所著的《实践论》和《矛盾论》。"两论"起家就是通过学习《实践论》和《矛盾论》，用辩证唯物主义的立场、观点、方法，去分析、研究、解决油田开发建设中的一系列问题，在一定意义上说，这是马列主义、毛泽东思想、辩证唯物主义的一次大普及，统一了思想认识，坚定了会战信心。

"两论"起家的起源，就是大庆油田会战初期，职工思想出现不少问题，有的对石油会战心存疑虑，有的面对困难环境，产生畏难情绪，尤其面对一个上千平方千米的特大油田，缺乏勘探开发的实践经验。面对重重矛盾和困难，会战领导认为，从领导思想上不能就事论事、头痛医头、脚痛医脚，必须透过现象看清本质，抓住主要矛盾和矛盾的主要方面。1960年4月10日，石油工业部机关党委作出了《关于学习毛泽东同志所著〈实践论〉和〈矛盾论〉的决定》。学习"两论"的决定，得到了广大职工的拥护，职工运用"两论"思想解决生产和生活上遇到的矛盾和困难。以"两论"为指导，充分调查研究，制订了合理的开发方案；建立了岗位责任制，加强生产管理，提高了管理水平，保证了生产建设的正常秩序；生活上克服困难，开荒种地，改善生活。学习"两论"，运用"两论"，取得了重要成果。

大庆油田会战是靠"两论"起家的。其意义就是努力掌握马克思主义哲学这一认识世界、改造世界的强大思想武器，努力清除唯心论和形而上学的思想影响，逐步认识到大庆油田的具体实际和油田开发建设的规律，比较好地解决了会战工作中的一系列问题。1964年12月，周恩来总理在第三届全国人民代表大会第一次会议上所作的《政府工作报告》中指出：大庆油田的建设"是学习运用毛泽东思想的典范"。

◇ 两册（第38页）

2014年8月13日，大庆油田召开新时期加强岗位责任制管理会议，发布"两册"编写规范和安排意见，启动"两册"建设工作。坚持岗位责任制的科学管理方法，以"顶层设计、突出重点、业务主导、试点先行、持续改进"的原则，按照"共性合并、个性包容、业务为主、制度唯一"的目标，以"岗位有专责、办事有标准"为基本要求，建立"归口管理、两级发布、程序审签"的制度管理体制，整合制度、流程、标准、体系、资料、表单等管理要素，将各级单位零散的管理制度、标准、体系中对基层和岗位工人的要求集合成一套唯一的规章制度文件"两册"，即《基层队（站）管理手册》和《岗位标准化操作手册》，使基层队（站）干部和员工"两册"在手，工作清清楚楚。2015年底在油田全面推广应用。

◇◇ 四条要求、五项措施（第39页）

"四条要求"，即要人人体现严和实、要事事体现严和实、要时时体现严和实、要处处体现严和实；"五项措施"包括开展一场学习、组织一次查摆、剖析一批案例、建立一项制度、完善一项机制。

◇◇ 新时代岗检（第39页）

2019年6月，大庆油田出台《关于加强基础管理重点工作的安排意见》，指出新时期要继续发挥岗位责任制在加强基础管理上的核心作用，7月1日，印发《大庆油田关于新时代弘扬优良传统加强岗位责任制检查的实施方案》，启动新时代岗检，突出问题导向，把握经营管理和生产操作两条主线，继承并优化传统集中岗检和分专业分散检查的优势，依据岗位责任制管理体系，综合采取集中检查、专业检查、随机抽查、岗位自查等多种方式，形成年初下达计划、年中灵活检查、过程及时整改、年终考核评比的岗检工作机制，持续探索"审计、监察、内控、岗检、合规"五位一体的管理模式，以一流的管理、一流的作风创造一流的业绩，焕发岗检新活力，推动油田新发展。

◇◇ "四位一体"岗位责任制综合管理体系（第39页）

大庆油田立足推进治理体系和治理能力现代化，发扬岗位责任制优良传统，融合现代管理体系科学内涵，按照"工作制度化、制度流程化、流程表单化、表单标准化、全面信息化"的"五化"路径，以及国际化、现代化、市场化的要求，打造了以体系手册为统领、制度标准为支撑、岗位责任制为基础、新时代岗检为保障的"四位一体"岗位责任制综合管理体系，是新时代大庆油田管理的新品牌，为改革发展提供了有力的支撑。

◇ 一稳三增两提升（第 44 页）

"一稳"，即努力实现原油 3000 万吨高质量稳产；"三增"，即天然气增、非常规增、新能源增；"两提升"，即提升科技创新能力和提升发展质量效益。

◇ 深井"3+2"管理法（第 51 页）

"3"即深井管理做到"超前分析，动态监测，及时处置漏点；摸索规律，积累经验，主动优化运行；明确责任，严肃考核，杜绝水质事故"，"2"即深井维护做到"党员深井包保制管理、施行深井月评比考核"。

◇ 成本控制"四法"（第 51 页）

成本指标细化分解、单项作业标准成本、日常消耗标准定额、经济运行标准操作。

◇ 三查四清（第 64 页）

"三查"，即查是否携带录取资料设备、查设备是否正常使用、查是否按规定录取资料；"四清"，即录取标准清、基础数据清、变化波动清、交接情况清。

◇ 四到三交一挂牌（第 64 页）

"四到"，即看到，观察设备有无渗漏、损坏、管理区域内有无安全隐患；听到，注意设备有无异常响声；摸到，就是用手去感觉温度的变化，保证设备不高温，管线不凝结；问到，就是上下班之间互相询问，掌握整个班组的生产情况，尤其是相互替班时，要交代清楚需要注意的环节。"三交"，即口头交接、书面交接、现场交接。"一挂牌"，即设备检维修施行挂牌管理。

◇ "五结合、五不走"检查方式（第66页）

"五结合、五不走"，即交叉检查与自己检查相结合，白天检查与夜间检查相结合，明查与暗查相结合，检查与学习相结合，检查与整改相结合；不查明问题不走，问题不落实不走，当场能整改而未整改不走，不检查思想不走，不见效果不走。

◇ "两分法"前进（第67页）

1964年初提出的"两分法"是大庆人进取精神的基本体现。其主要内容是：（1）在任何时候，对任何事情，都要用"两分法"。成绩越大，形势越好，越要一分为二，只看成绩，只看好的一面，思想上骄傲自满，成绩就会变成包袱，大好形势也会向反面转化。（2）对待干劲也要用"两分法"。干劲一来，引导不好，就会只图速度，不讲质量，结果好心肠出不来好效果，反而会挫伤职工的积极性。（3）领导要及时提出新的、鲜明的、经过努力能够达到的高标准，引导职工始终向前看。（4）以"两分法"为武器，坚持抓好工作总结。走上步看下步，走一步总结一步，步步有提高，方向始终明确。

◇ 稳油控水（第68页）

注水开发的油田，进入高含水期开采之后，产油量递减加快，如果主要用提高产液量的办法来保持产量不降或少降，则液油比增长速度急剧加快，产水量大幅度增加。如果此时一定要求产油量不降，则面临的困难是很大的。1990年年底，大庆油田已采出可采储量近60%，综合含水达78.96%，全面进入高含水开发阶段。然而当时的国家需求又需要大庆油田的产量保持稳定，这就要求我们在困难中求发展，寻找一条既不大幅度提液，又能保持稳产之路。通过努力实践，大胆探索，大庆油田把稳油与控水统一起来，开发出一条新路。

1991年1月8日至19日，大庆油田召开油田开发技术座谈会，围绕"八五"期间原油年产量保持在5500万吨、"九五"期间原油年产量保持在5000万吨开展讨论，并决定实施"稳油控水"工程。该工程通过采用老井转抽、新井压裂、打加密井、堵水等技术措施，有效控制了油田含水上升，取得了显著的经济效益，使油田5年累计多产原油610多万吨，少产液24749万吨，累计增收节支150亿元，使油田连续20年保持年产原油5000万吨以上。这一成果标志着大庆油田攀上了世界油田开发的新高峰。

大庆油田高含水期"稳油控水"系统工程在1995年被评为"全国十大科技成就奖"，于1996年荣获国家科技进步奖特等奖。

◇ 八个统一（第70页）

1963年，针对岗检中发现的有些单位岗位责任制执行过于繁琐或不够严密的情况，会战指挥部组织了250余人深入各基层单位，跟班蹲点，进行调查。在同工种、同类型的单位中达到"八个统一"：资料统一、基本职责统一、交接班制度统一、巡回检查制度统一、定期定机强制保养制度统一、操作要求统一、工具数量和使用保管统一、汇报制度统一，为更合理、更有效地贯彻岗位责任制打下坚实基础。

◇ "比、学、赶、帮"劳动竞赛（第70页）

"比、学、赶、帮"劳动竞赛，即比先进、学先进、赶先进、帮后进的劳动竞赛，是在生产资料公有制基础上，调动广大职工的积极性和创造性，进行社会主义建设的群众性活动，也是对劳动者进行社会主义思想和共产主义思想教育的一种重要形式。"比、学、赶、帮"劳动竞赛开始于20世纪60年代的学铁人、做铁人活动，并坚持至今。其基本做法是：(1)抓好典型，树立样板。(2)典型树立后，领导及时推广他们的先进事迹和经验。(3)对照典型找差距，激发职工赶超先进。(4)组织先进帮助后进，发挥榜样作用，激发后进自觉努力。(5)抓好检查和评比，基层单位每天有讲评、小结，企业半年初评、年终总评，对成绩显著者给予表彰奖励。开展"比、学、赶、帮"劳动竞赛，及时发现和扶持先进，激发和鞭策后进赶上先进，带动中间，形成你追我赶、力争上游的局面，使职工队伍的思想、业务、作风建设得到全面加强。

◇ 坚持"四个统一"，搞好"三个强化"，落实"三个保障"（第70页）

新时代岗检紧紧扭住"落实岗位责任制、强化岗位责任心"这个破解管理难题、突破管理瓶颈的"牛鼻子"，要进一步统一思想，统筹宣传引导；统一步调，统筹结合联动；统一计划，统筹检查任务；统一内容，统筹岗检标准。新时代岗检是一项系统性工作，事关全局，要进一步强化组织推进，切实减轻基层负担；强化问题整改，切实提高管理质量；强化立标对标，切实促进管理升级。岗检作为"四位一体"中发挥纠偏、校准、完善、改进作用的重要一环，必须做好加强履职尽责，提供强有力的组织保障；加强队伍建设，提供强有力的人才保障；加强问效提效，提供强有力的机制保障。

◇ "一二三四"岗检法（第72页）

"一二三四"岗检法是新时代岗检工作方法之一，干部与员工同心同向，共同完成"听、看、协商、总结"四个环节岗检，达到"干群岗位履职受控、关键管理指标受控、质量安全环保受控、队伍和谐稳定受控"四个受控目标。干部员工共商议、共行动、共验证、共进步，使得干部会岗检、想岗检、敢检查，员工敢迎检、想岗检、愿岗检，既通过筑牢岗位责任制来增强员工的岗位责任心，又通过锤炼严实好作风来提高干部的责任感。"听、看、协商、总结"四个环节相辅相成、环环相扣、有序衔接，形成完整的闭环链条，通过由浅到深、由外到内、由现象到本质、由感性到理性的递进过程，使得干群在岗检周期内共同完成管理链条，实现基层建设提档升级、基础工作全面夯实、基本功训练百做不误的"三基"工作新提升。

◇ 三定一顶（第72页）

"三定一顶"，即各级负责干部定工作岗位、定劳动时间、定工作任务，深入基层单位蹲点参加具体业务劳动，在掌握了一定的业务技术之后，顶一个岗位的工作。从1964年8月开始，大庆油田普遍推行了"三定一顶"的劳动制度，成为干部参加体力劳动的一种主要形式。1965年上半年，大庆的干部，除了年老病弱和长期在外地工作的以外，都参加了体力劳动。到1965年8月，已有许多干部掌握了一门实际操作技术，能够独立地顶岗位劳动。

◇ 领导干部"约法三章"（第72页）

领导干部"约法三章"主要内容是：坚持发扬党的艰苦奋斗的优良传统，保持艰苦朴素的生活作风，永不特殊化；坚决克服官僚主义，不能做官当老爷；坚持"三老四严"的作风，谦虚谨慎，兢兢业业，永不骄傲，永不说假话。大庆会战工委在1964年8月下旬的扩大会议上，通过总结会战几年来发扬艰苦奋斗精神，干部参加劳动，领导亲临前线指挥生产，蹲点调查的好处后，制定的一项企业领导干部革命化的措施。"约法三章"对于大庆领导干部保持革命精神、优良作风、群众观点和廉洁意识，起到了十分重要的作用。

◇ "十要"标准（第 82 页）

"十要"标准，即要讲忠诚不阳奉阴违、要勇争先不甘于人后、要创新业不消极等靠、要敢担当不推诿塞责、要有热血不躺平懈怠、要重实干不漂浮跑粗、要快节奏不拖拖拉拉、要钉钉子不虎头蛇尾、要强本领不自满僵化、要守规矩不逾越底线。

◇ 五项职权（第 101 页）

"五项职权"，即有权拒绝执行离开生产岗位的命令；有权拒绝无合格证的人员操作设备；有权拒绝操作逾期运转的设备；发现生产上有隐患，要立即报告上级，发展到危险程度时，有权自行停止操作；在没有操作规程、质量标准、安全措施的情况下，有权拒绝生产。

◇ 五不施工（第 101 页）

"五不施工"，即任务不清、施工图纸不清不施工；质量、规格、标准和技术措施不清不施工；施工必需的材料没有准备好不施工；施工设备不完好不施工；上道工序质量不合格，下道工序不施工。

◇ 四懂三会（第 103 页）

"四懂三会"，即懂设备性能、懂结构原理、懂操作要领、懂维护保养；会操作、会保养、会排除故障。

◇ 三个面向、五到现场（第 105 页）

"三个面向"，即面向生产、面向基层、面向群众的工作指导思想。1960 年大庆石油会战伊始，石油工业部党组强调，"各级领导要亲临生产第一线指挥生产""机关工作要面向生产"。1962 年 5 月 10 日，在全油田党员干部大会上，针对当时基层建设工作还不够巩固，机关工作还不深入、不细致，缺乏扎扎实实的作风等问题，会战工委提出"各级领导干部必须深入生产第一线，扎扎实实领导生产。对基层工作，要实行面对面的领导。各级领导机关应当明确主要的任务是把基层建设好，把基层建设好了，就完成了领导工作的基本任务"。接着，《战报》发表了《大力改进作风是加强基层工作的关键》的社论，提出"领导机关要面向基层，一切工作要从加强基层工作出发，把生产全面管好"。经过不断实践、不断总结，1964年形成了"三个面向"指导思想，对于有效解决基层存在的问题，为生产需要服务，解决群众的困难创造了方便条件，从而有效地克服了有的干部身上存在的官僚主义，充分地发挥了机关的领导作用。

"五到现场"，即生产指挥到现场，政治工作到现场，材料供应到现场，科研设计到现场，生活服务到现场。生产指挥到现场，就是指挥调度人员实行现场调度，计划人员到现场落实计划，进行综合平衡；凡是有两个以上施工单位协同作战的施工地区，就需要组织前线指挥机构，实行面对面的领导。政治工作到现场，就是政治工作部门的干部除有三分之一的人在机关办公，三分之一的人坚持常年蹲点外，还有三分之一的人坚持深入现场了解情况，发现典型，总结经验，并做好现场的宣传鼓动工作。材料供应到现场，就是物资供应部门按照设计和施工的预算，去组织材料供应，实行"大配套""小配套""货郎担"，送料到现场，设备维修人员也"身背三袋"到现场服务。科研设计到现场，就是科研设计工作紧密结合生产实践，有效地解决生产中的问题；由研究设计人员组成工作组，深入生产实践，进行现场调查，组成试验队到现场，边参加生产，边进行试验；研究与生产部门联合组成攻关队，攻克关键技术；进行技术交底，交意义、交目的、交原理、交方法、交技术要求，放手发动群众参加科研设计工作。生活服务到现场，就是后勤和商业等部门组织理发、缝补，保证日用百货到现场，更好地为前线服务。实行五到现场，有利于根据实际情况决定工作方针，避免瞎指挥；能更多地倾听群众呼声，了解群众疾苦，及时地解决问题，激发工人群众大干社会主义的积极性；能更好地改进工作作风。干部为群众服务，机关为基层服务，这是由企业的社会主义性质所决定的。在今天，仍需大力提倡这一传统作风。

◇ 三条要求、五个原则（第105页）

"三条要求"，即项项工程质量全优，事事做到规格化，人人做出事情过得硬；"五个原则"，即有利于质量全优，有利于提高工作效率，有利于安全生产，有利于增产节约，有利于文明生产和施工。1964年初，大庆会战工委根据油田发展形势，组织职工开展学先进、找差距活动，通过认真总结油田生产建设工作的经验教训，同年5月15日召开的油田"五级三结合"会议上系统地提出了"三条要求""五个原则"，这是大庆领导机关在油田全面开发建设初期，对生产建设提出的重要规则。

◇ 领导干部"五同"（第114页）

这是大庆在石油会战初期对领导干部提出的要求。即领导干部要同职工同吃、同住、同劳动、同解决生产问题、同娱乐。石油会战初期，生产和生活条件很差，为了战胜困难，会战领导机关要求各级领导干部在实际工作中做到"五同"。各级领导干部同群众同甘共苦，深入基层做好思想政治工作，遇事同群众商量，虚心听取群众意见，进一步密切了干群关系，鼓舞了群众的革命干劲，大大加强了对基层的领导工作，从而保证了会战各项任务的完成，同时也锻炼了广大干部，提高了干部素质。

◇ 三三制（第114页）

这是大庆石油会战期间形成的企业领导机关为基层服务的工作制度。即机关工作人员三分之一在机关办公，三分之一跑面了解情况，三分之一在基层蹲点调查。三分之一的人在机关办公，承担另外三分之二的工作量，使机关工作既有压力，又有责任，进而能紧张而有秩序地工作，促进机关工作效率的提高；三分之一的人跑面，使面上的情况能够被领导机关及时掌握，加强对基层工作的指导、协调；三分之一的人在基层蹲点，住在小队、班组，调查研究，参加劳动，总结典型，协助工作，把领导机关抓重点、抓"两头"的做法具体化了。到先进单位蹲点，使典型经验能够及时得到总结推广，指导面上的工作。到后进单位抓点，能够促进"老大难"单位改变面貌，很快赶上去。实行这样的工作制度，既有利于加强机关建设，又有利于加强基层建设，机关干部轮流下基层抓点，使机关干部更好地了解基层，增长了才干，密切了干群关系，提高了工作效率，有助于转变机关作风，防止和克服官僚主义，推动和促进机关建设。机关干部到基层抓点，也有利于加强基层工作，促进基层建设，基层干部反映说："机关干部下基层深入一步，基层工作就登高一层。"这种工作制度，对促进大庆石油会战时期的工作起了重要作用。

◇ 八清八必到（第119页）

"八清"，即身体状况清、性格脾气清、家庭状况清、思想状况清、兴趣爱好清、技能水平清、工作状态清、社会交往清；"八必到"，即生病住院必到、谈心家访必到、矛盾纠纷必到、情绪疏导必到、特长培养必到、帮扶提升必到、解决困难必到、监督管理必到。

◇ 五五化（第127页）

在"五清一建""清产核资"的清仓整库运动中，提出了器材"五五化"摆放，即根据器材的不同品种、规格、形状和出厂要求，以五、十为基数，分别摆成五、十成行、成方、成副、成线、成串、成包、成垛等，横看成线，竖看成行，左右划齐，整齐美观，定量装箱，过目成数。"五五化"在仓库管理实践中不断完善，先在大庆油田推广，而后向全国进行了介绍。

岗位责任制相关报道

一把火烧出的问题

——中一号注水站失火烧光　国家财产损失一百六十余万元

编者按　5月8日深夜一把火，把中一号注水站全部烧光，使国家财产遭受到一百六十余万元的严重损失。从这一把火里使我们清楚地看到，这不是一个偶然的事故，而是隐患早就大量存在，至少可以看出以下五个问题：

一、工作有了成绩，沾沾自喜，看不到工作中存在的大量的弱点和问题。

二、有了问题不努力去解决，也不向上级如实地反映情况，说假话，做假事，报喜不报忧。

三、发现了问题，不切切实实地去解决，说说就算了，问题还是问题。

四、出了问题，就事论事，只从技术业务上去找原因，不提高到思想作风上来认识。

五、领导干部不团结，党支部没有起战斗堡垒作用；各级领导不深入基层：这是导致这次大火的总根源。

从这一把火中，也使我们进一步认识到，会战工委根据会战发展两年出现的新形势，提出的"加强基层工作，开展五好红旗队运动，大力改进作风，全面管好生产"的方针是十分正确的。

我们希望全战区各级领导干部，特别是采油指挥部、二矿和注水站的同志们，从这一把火的事故中吸取教训，深刻体会会战工委关于今年工作方针的重大意义。如果这一把火能够把我们的头脑烧得清醒起来，从而认真贯彻会战工委方针的话，我们就可以把坏事变成了好事，做到"吃一堑，长一智"，把工作越做越好。

中一号注水站是战区1961年度的二级五好红旗单位，今年2、3月份又连续获得二级五好红旗单位的光荣称号。二矿从去年10月开展的百日安全无事故活动中，他们还获得了优胜，得到了矿里的表扬，至

4月末已安全生产一百七十天。就是这样一个在二矿以安全生产好出名的单位，却被一把火烧光，使国家财产遭受到严重损失，在职工群众中引起极大的反映。有的同志为这个一向因安全生产而获得二级五好红旗单位的注水站，被一把火烧光甚为惋惜！有的人还说那天的风太大，埋怨厂房不好；还有的同志说，这个事故不是偶然的，隐患早就大量存在，事故随时都有一触即发的可能。又说，安全生产搞得好，风再大，厂房不好也没关系，等等。说法不一，到底原因在哪里呢？还是先让我们谈一谈事故发生的经过吧！

事故的发生是火花引起的吗？

事故发生在5月8日深夜一点十五分。由于三号柴油机伸出房外的排气管里喷出的火花，被风吹到厂房顶上，又吹入瓦缝，将房顶保温层中的油毡纸和锯末燃着而造成火灾。直至三时十五分方才扑灭，历时两个钟头。

这次火灾如果只从直接原因看，那的确就是火花引起。但是，火花为什么会冒出来？即使火花冒出又为什么没有及时扑灭，这就不能不引人深思！

原来火花的冒出就是可以避免的，因为柴油机排气管上边，还有一个用螺纹管制成的排气横道烟管，它是专为消灭从排气管冒出火花而设置的，排气管排出的火花经过横道烟管的贮水时可以被水扑灭。但是，这个横道烟管已经破裂漏水不能起到贮水作用，所以，火花才有可能从排气管排入横道烟管，又从横道烟管飞出来。再加上他们从去年8月投产以来，排气管从未清扫，管内积灰过多，造成大量火花，横道烟管没有水又无法扑灭，结果全部排出，火花随风飞扬，引起事故。

现在已使我们清楚地看到，虽然火灾是由火花直接引起，但如果能对这些生产上的设施及时维修使之发挥作用，火花根本就冒不出来，火灾又能从何引起呢？

现在，我们再深究一步，既然火花冒出引起火灾，为什么未能及时扑灭，而酿成如此大火呢？

火一烧起来，本来就被上夜班的工人发现了，但是，因为他们的防火设施早已失效，不能发挥灭火作用，所以，才造成严重火灾。

火花大约是在一时十五分进入瓦缝，燃着房顶，工人发现从屋顶掉下火星，当时就有四名工人上房检查，一打开瓦片冒了火苗，他们立即用灭火器上房灭火，但七个灭火器只五个能用，一个已经失效，一个根本没有装药。加上他们平时思想麻痹，不注意经常的防火训练和演习，工人对防火设备不善于利用，等灭火器用完没有把火扑灭时，这才想起用消防水龙头，但消防水龙头也早已损坏失效，一开始使用时，因为正检修泵，就没有水源，后来停止检修水泵，解决了水源，又因为水龙带损坏，水枪头丢失，有水喷不出去。本来这套消防设备是完整无损的，但是，他们平时不爱惜，把水龙带常常用来排污水，随用随丢，逐日烂掉，本来是一百米长，至失火时仅剩下七米了，而水枪头则常常用来刷地板刺洋灰地，也是随用随丢，早已不知去向。所以，当火起时，虽然水龙头只离着火处二十余米，但这套设备已完全失效，只好等消防车来灭火，这就延误了时间，致使火势扩大，直到不可收拾的地步。

这套设备的损坏，工人早就提出意见，要求迅速维修好，队上也领回了两条新水龙带，过去该站王队长在一次生产会议上虽也提到换上新水龙带，但既未指出由谁负责，事后也没检查，只是说说算了，一直存放在仓库里。所以，工人还不知有这两条新水龙带，只有技术员刘善林知道，当大火烧起，技术员到现场，才想起此事，跑回仓库拿来新水龙带，已是房架下塌大火封门，新水龙带也没水枪头，不能起到作用，等消防队来了，大部分厂房已烧着，抢救无效。

隐患早就大量存在　事故一触即发

现在我们从这一场灭火过程中，就可以得出一个结论，大火虽是火花直接引起，但是完全可以避免。之所以烧得如此严重，是因为隐患早就大量存在，火灾随时即可一触即发，决非一个偶然事件。所以，领导一再教导我们必须把事故消灭在发生之前。中一号注水站的同志看不到这些大量存在的弱点和问题，既没有防火措施，又缺乏训练，甚至于把消防器材大量损坏。对于本站一些能够解决的问题也不积极设法解决，例如螺纹管损坏，他们本来自己就能解决，但是他们不想办法，只是等待领导解决！使隐患长期存在下去，终于发生了严重事故。

生产管理上也是十分紊乱

这个注水站是1960年冬季开始兴建，1961年3月开始投产的一个大型注水工程。当时，因为适应油田早期注水的需要，厂房和某些设计是有一些临时性质的工程。但是，他们的生产任务却越来越重，面对这一形势，本应对这种任务重而又是临时性工程的设施精心管理，及时总结经验，加强维修，以全面管好生产。但是他们却与此完全相反，生产管理上问题很多，长期得不到解决，火警不断，机械事故经常发生，还自以为已有了经验，沾沾自喜，不再积极改进管理。就以他们的各项生产制度来说吧，刚开始投产时，他们还有各种制度二十五项。但这些制度既未经群众讨论，也不进行教育，要求不严格，大都流于形式，甚至连起码的交接班制度，大部分工人也不知道。据在生产一班的调查，这个班十二个人，就有十人不知道交接班制度的具体内容。又如厂区防火制度，一开始他们还订有十条，仅从二班九个人中了解，能知道五条的只一人，其他知道四条的三人，二条的二人，一条的一人，无一人能说出全部防火内容。过去还把防火制度贴在墙上，以后连墙上也没有了。再例如干部的值班制度，开始还执行得不错，以后就越来越差。4月份以来，干部的值班制度根本没有执行，所以这次大火开始时，干部不知道，虽然他们睡的小楼仅离着火处三米远，当火快烧到小楼时，已是失火后二十五分钟，他们才被工人叫醒。

原因到底在哪里？

为什么他们的生产管理越来越乱，为什么大量隐患得不到消除，又为什么那么多的问题得不到解决？只要我们深挖一步，从他们的初步检查中，就可以看出大量的问题，进一步证明事出有因，决非偶然。

火灾事故早就不断发生　从未引起应有警惕

这个站的火灾事故已不是发生一次了，仅在1961年10月至1962年3月的六个月内，就发生过大小火警二十三次之多，就以他们安全生产一百七十天来说，也是不安全的。一百七十天指从去年11月10日左右到今年的4月末，这一百七十天当中，就曾发生火灾火警七次，而且还发生了机械事故五起。其中3月16日的一次火警和这次一样，也是排气管冒火花而造成，已经烧了房顶零点五平方米，这样大的火花，队里干部还认为不是事故，既没有认真检查，也没有引为教训，采取有效措施。

劳动组织混乱　生产不断发生问题

由于他们的劳动组织不合理，所以使生产不断发生问题。例如失火的当天晚上是二班值班，这个班的班长于忠议是个刚当班长三天的下放干部，情况不明，技术又不熟，指挥如此复杂的机器生产，一下子抓不住，然而队里干部既没有跟班生产，作具体帮助，又没有适当多配上一些老工人，交接班时队上干部一个也不在，所以，这个班长接班后只说了一些注意安全生产的话，就没有什么具体内容了，以致于发生火灾时，手忙脚乱。

当晚当班的生产二班十二人中，学徒工就有五名，二级工人二人，四级、五级老工人各一人。致使接班后生产上忙不过来，发生了问题更是无法处理。这个队是否技术水平低呢？这个站的技术力量本来是不弱的，单是技术员就有十八名，现在在队里搞农副业生产的，五级老工人就有四名，四级工人十一名，三级工人三名，二级工人二十四名，而一级学徒工只五名。

思想问题不少　缺乏政治挂帅

这个站的政治思想教育工作十分薄弱，既没有正常的思想教育，也没有认真进行个别谈心活动。一些重大问题到来之前，也不进行政治思想教育工作，甚至像第一战役的动员，他们只开了一个职工大会，既没有系统地进行教育，事后也不进行讨论。队里领导干部既不亲自找工人谈话，而且也不发动组织群众开展谈心活动，在党支部委员会上很少研究过职工思想情况，致使职工思想混乱，闹级别待遇、带家属、不安心工作等问题大量存在。劳动纪律松弛，组织制度不严，有的人上自由市场逛大街，党员团员模范作用也不好。

干群关系不好　没能充分调动职工群众的积极性

由于队里干部民主作风很差，遇事只批评，所以，干群关系不好，不能充分调动职工群众的积极性。职工们反映干部不好接近，支部书记从来不和工人个别谈话，有时工人找上门来也是三言两语。三班长刘志贤说："我到这个站快二年了，有些事想找胡书记谈谈，就是不敢去。"农副业三班有十一个同志，一年多以来，胡书记从未找任何人进行个别谈话。

在生产上也是这样，不能采纳群众的合理化建议。去年11月焊接水管线时，电焊机绝缘不好，工人王天星提出不修理不能用，负责管生产的郭副队长说："烧坏了领新的。"王天星又说："这样干违反操作规程，"郭副队长不仅不接受这个合理意见，反而说："你别管，我叫你干你就干。"

他们的生产任务从来也不发动群众进行民主讨论，这就不能充分调动职工群众的积极性，大大影响了干群关系。

党支部没有发挥战斗堡垒作用　干部之间不团结

党的支部没有形成一个领导核心，而且干部之间不团结，各搞一套，分工就分家，这是这个站之所以经常发生大量问题而又不能及时解决的总根源。

党支部书记胡廷俊缺乏民主作风，自以为是，有骄傲情绪，一人说了算，在支部委员会上很少认真讨论职工思想、人员调整、生产管理等重大问题，其他如评红旗手、评奖金也从不在支委会上研究，支部书记一人看看，签名盖章就行了。所以，其他委员有意见，干部之间互不服气，互相拆台。如队长叫开会，副队长就不叫开等是常事！他们的分工也不合理，党支部书记主要精力不是抓政治思想工作，而是抓生产、生活，无论大事小事他都管，甚至伙房吃面条也是支部书记决定并去通知。应负责全面管理生产的队长被分工管人事，郭副队长去抓生产分工。所以，当谈到新消防水龙带为什么没装上时，队长说："消防水龙带本应马上安装，因为我是分工管人事，我从建议的角度上提出过要装上，至于装没装我不知道。"作为一个队的主要负责干部不管生产，那怎么能领导好生产呢？

领导干部和领导机关的责任

一号注水站失火，自然他们要负责任，但同时这一把火也烧出了我们各级领导干部和领导机关的问题。说明在领导机关中存在着严重的官僚主义作风，平时采油指挥部和二矿也常有安全检查，就在失火的前三天，会战指挥部安全处和采油指挥部安全科还联合检查过这个站的安全问题。当时也发现了一些问题，但是他们不是扎扎实实地去帮助解决问题，事后也不检查问题解决没有，只是说说就算了。虽然二矿党委委员李长林工程师住在这个站上，采油指挥部的领导同志也常来，但是他们都没有深入下去，没有对这个站的真实情况进行认真地了解。工人反映，他们来了只把问题记在本本上了事。注水站安全生产一百七十天，矿领导既没去认真总结他们的经验，又没检查，还信以为真，这就不能不助长了他们报喜不报忧的坏作风。站上的干部不团结，矿里也知道一些，但不去积极解决。采油指挥部知道他们螺纹管坏了，并且站上三番五次向他们请车运料，就是不给解决。

发人深思的问题

中一站火灾发生的经过，初步检查的原因，很值得我们全战区各单位、各级领导干部深思。首先，这个事故的发生是管子问题？水龙带的问题？厂房的问题？还是其他更深的原因？其次，这次注水站火灾事故是队上的问题，但有没有领导干部和领导机关的问题？第三，这些大量存在的问题只注水一站有吗？其他单位就不存在吗？据反映二矿采油一队和注水二站也同样存在着大量的严重问题。第四，这次大火以后，从排气管又冒了一次火花，那么火灾不可防止了吗？又怎么解决这些问题呢？我们希望所有的领导干部，全战区各单位都把注水站的情况对照自己的情况，进行一次彻底的检查，从中吸取教训，不要隐瞒缺点。纸里总是包不住火的，一旦有适当时机就会爆发，必须强调防患于未然。

当火灾发生之后

火灾发生之后，队里主要是就事论事地从技术业务上去打圈子，没有从领导的思想作风上找原因，二矿虽做了一些检查，但很抽象空洞，泛泛地谈了几点缺点，既没有充分发动群众，也没有认真解决问题。有的领导同志甚至说："这次火灾是站的干部极端不负责任。"难道上级领导没有责任吗？采油党委虽然为此开了七天会，检查领导，对各站防火也做了检查，采取了一些措施，但还没有根据工委提出的方针，深入中一注水站全面揭发和解决问题，以此来改进领导，加强基层，教育全体，作法上还是就事论事。会战指挥部有关部门也没有认真检查自己的工作。这不能不是一个极大的问题。毛主席经常教导我们说："任何政党，任何个人，错误总是难免的，我们要求犯得少一点。犯了错误则要求改正，改正得越迅速、越彻底、越好。"我们的工作总是在不断克服缺点中前进的。我们决不能"讳疾忌医"，不认真地对待缺点。或者就事论事，不追根求源；或者只强调客观因素。在会战工委一再指示和督促之后，会战指挥部和采油指挥部的同志已开始重视起来，并派出了联合工作组，住在队上，帮助队总结经验、改进工作。我们希望这个站能挺起腰杆子，勇于克服缺点，接受教训，用会战工委给我们指出的今年会战工作方针，来检查和对照我们存在的问题，经过自己的努力，在上级的帮助之下，扎扎实实的工作，就一定可以争取当名副其实的五好红旗队，全面地管好生产。

通知 今天《战报》登载了"一把火烧出的问题"一文，公布了中一注水站火灾的初步调查。望各线认真向干部和职工同志们宣读，并组织职工结合本单位情况加以讨论。可投稿《战报》，在《战报》上开展讨论。通过这一次讨论，进一步领会和贯彻会战工委最近提出的"加强基层工作，开展五好红旗队运动，大力改进作风，全面管好生产"的方针。

会战政治部
1962 年 5 月 29 日

（来源：《战报》1962 年 5 月 29 日）

岗位责任制

李天照井组是一个标兵井组

在最近一次由会战指挥部召开的岗位责任制的汇报会上，采油二矿五队李天照井组的事迹，受到了会战工委领导同志和到会全体同志的一致赞扬。会议提出，李天照井组是我们在贯彻岗位责任制方面的标兵井组。

战区五好红旗标兵、共产党员李天照同志所领导的井组，管理着一口偏僻的边缘井，不好管理。但是，全组同志团结一致，兢兢业业，扎扎实实地做好了经常性工作，严格地贯彻执行了岗位责任制度；因此，这口井从去年7月7日投产到如今，已经安全生产了五百多天。这五百多天里，井史清白，未掉一个刮蜡片，未发生一次火警，未冻过一次管线，未冻坏一个阀门，也未呲坏一个法兰垫子。这一成绩是十分突出的。

李天照井组现有十个采油工。其中三个是才参加工作不久的实习生，三个是学徒工，还有三个师傅和李天照本人，也都是1960年才开始管井的。按说，论经验他们不足，论技术水平不高，而且又是口难管的井，那么为什么他们能够把井管理得这么好呢？除了最基本的觉悟和干劲以外，主要因素就在于他们切切实实地贯彻了岗位责任制度。

李天照井组把他们的岗位划分为三个区域，即地宫资料区、清蜡区和安全保温工艺流程区。整个井场，大大小小的设备、工具、配件共一百五十二件；他们就把它划

为一百五十二个"点"。每个"点"，也就是每件东西，都有人分工经管起来。他们每班由师傅全面负责，学徒及实习生作为助手，各自负责看一个区。

编者按　这才是岗位责任制。你看，物不论大小，事无论巨细，件件、项项都有人经管。这样，东西坏不了，也丢不了；即便坏了、丢了，也能及时了解，及时处理，工作怎么能做不好呢！有人说，井场上下千头万绪，不好管。不，他们不就是在千头万绪中找到了头绪，抓到了规律。希望我们所有的井组、车组、班组，都能把自己岗位范围内的一切东西，划成区，分成点，让每处地方、每件东西，都有人经管起来。

这个井组十分重视交接班制度，并严格执行交接班制度。每天三次交接班，一贯坚持面对面的现场交接。对于一百五十二个点，要一一过目，点滴不漏。不仅数量上要交接，质量上更要检查。这样，班班交替，等于一天三次在检查漏洞，在消除隐患，而且人人自觉执行，又有互相监督，工作越做越细。

编者按　好得很！事实就是这样。一天三次交接，就是三次群众性的检查。如果，全战区每一个岗位都坚持执行并严格执行交接班制度，那么，我们战区里每天都将有三次大规模的群众性检查。每次检查，都将有全部生产工人的三分之一参加。这样的规模，这样的广泛，该能发现多少问题？该能堵塞多少漏洞。我们一定要深刻地理解严格执行交接班制度的重要意义，把交接班制度坚持下去，坚持到底。

今年10月中旬，按配产配注方案要求，他们改换了油嘴。一天陈守志去接陈忠仁的班，发现采油曲线上的油嘴划得不对头。虽然是相差仅有一厘米长的线条，两个人却各持己见，一直拖延了一个多小时交不下班。最后直到找来了地质员，把情况弄清楚，才算交了班。

编者按　就应该有这种一丝不苟的精神。因为，办事情就怕认真，一认真起来，什么事情都可以办好，什么困难都可以解决。

这个井组，对每小时的巡回检查制度执行得十分认真。他们在不

岗位责任制

断的摸索中，找到了容易出问题部分和要害部分共有二十二个点，这二十二个点就作为巡回检查的重点。值班员在检查时，要看（看看漏不漏油、气），要摸（摸摸阀门松紧），要听（听听有无异样声音）。11月11日，学徒工于贵业在巡回检查时，发现干线炉火嘴并未放大，火苗仍然很低，但是温度却比平时增高了近一倍。他找不出原因，立即汇报给陈焕民师傅。经过了解，原来邻近井关井测静压，干线中油量减少，流速缓慢，照样烧火，当然温度就上升了。了解了情况，当即控制了火嘴闸门，使温度降下来，防止了事故。

  编者按 有人说，巡回检查是老一套，有事没事照样转一圈，是形式主义！不对！事物是发展的，情况是千变万化的。每小时的巡回检查，正是要随时随地地去发现问题，随时随地地去解决问题。抱有形式主义看法的人必定以形式主义态度去进行检查，结果也必然一无所见，一无所成。让我们纠正这种错误看法，克服这种错误态度，以严肃认真的态度去执行巡回检查制度，去真正地发现问题和解决问题。

  李天照井组的事例证明，不怕井再难管，不怕经验再少，不怕技术不高，当我们切实地执行了岗位责任制度，一切按制度办事的时候，我们的工作肯定会一天比一天好起来。

（来源：《战报》1962年12月20日）

从群众中来 到群众中去 集中起来 坚持下去

——记采油二矿某注水站岗位责任制度的建立和贯彻

采油二矿北某注水站,是全战区建立岗位责任制最早的单位。从1962年5月开始建立岗位责任制度以来,由于制度来自生产实践,在执行过程中能充分发动群众,认真坚持,逐步完善,生产上收到了显著效果。全站在用设备台台五好,所管水井口口五好,在历次岗位责任制检查中一直都被评为一类。他们的岗位责任制度是怎样建立和贯彻的呢?

生产制度来自生产实践

北某注水站是1962年4月投产的,全站人员多数来自其他工作岗位,对现职工作不太熟悉,因此在投产后不久曾发生注水泵在试注运转当中连杆脱落,影响了注水。党支部组织职工进行讨论,分析原因。许多同志认为是检查上的问题,他们说:"要是检查得到,前半个小时就会发现,及时排除,就不会发生事故。"那么,怎样才算是检查得到呢?大家又进一步展开讨论,各工种根据自己的工作岗位,对所管设备哪些部位容易出问题,应该多长时间检查一次以及怎样检查等,都作了详细讨论。

这个站的领导根据各工种

的讨论结果，进行了分析研究，找出典型，全面推广。大家认为泵工田发林班总结得比较全面，以往工作也干得比较好；因此，就以这个班为基础，又吸收其他班的优点，订出巡回检查制度和巡回检查路线，在站内试验实行。一个注水泵站是一个复杂的整体，一项制度的改革又将牵扯其他工作。他们在试行巡回检查制度时，又联系到设备维修保养、交接班、人员分工等三方面问题，大家感到这些方面也必须有相应的制度。根据群众意见，认为苗安安班在交接班上做得认真细致，班长提前到达工作岗位，对设备检查得细，对问题抓得死。于是，他们又以苗安安班的交接班为基础制订了交接班制度，建立了值班工人的岗位职责；同时，又讨论制订了设备维修保养制度。

正在这时，会战工委提出了"加强基层工作，开展五好红旗队运动，大力改进作风，全面管好生产"的指示。这个站又根据这一指示精神，发动群众对已订的制度作了充实修改。在岗位职责上从查物点数入手，把生产上所有的东西、所有的事进行排队，落实到人，实现了事事有人管，人人有专责。在干部中也建立了岗位职责和干部值班制度。这样，岗位责任制的一套基本制度开始形成了。

由于制度是从群众中来，结合了生产实际，因而大家执行起来感到"顺手""实在""解决问题"，工人反映："上班岗位明确，任务具体，工作好干了。"班长们说："上班人人有专责，大家到啥时候该干啥就干啥，班长好当多了。"

完善制度加强责任心

在岗位责任制的贯彻执行中，他们又从实际出发，从需要入手，不断总结经验，并先后派出四十二人到兄弟单位参观"取经"，使制度不断充实完善，更加切合实际。例如，他们现在使用的巡回检查指示牌是从运销处某油库学来的，电器操作模拟图是从供电指挥所某变电站学来的。在今年5月份十天之内曾一连三次到六矿注水站找差距，第一次只是一般参观，第二次"取经"十二条，第三次学来了一百零四条，逐条研究，不到一个星期就把适用于本站的六十三条全部采用了。例如六矿注水站的交接班制度中有一条："上级指示未执行不交不接"，群众讨论认为很好，就在该站的交接班制度中增添了这一条，并改为"上级指示无故未执行不交不接"。

这个站的岗位责任制在贯彻执行中，经过不断地总结提高和修改充实完善，先后大改过四次，小改五次，群众开会讨论三十余次；以班长的巡回检查点为例，曾经由开始的三十七个点改为五十七个点，后来又改为六十九项九百八十八个点，最后又改为现在所执行的四十三个点，算是基本上定了型。

为了贯彻岗位责任制，提高职工的思想认识，加强自觉性，党支部做了不少思想工作。他们组织老工人用回忆对比的方法，讲述过去由于没有岗位责任制或分工不明确，制度不健全或不严格执行操作规程造成事故的事例，提高职工的岗位责任心。在以"反浪费、找差距、赶先进、赛五好"为中心的增产节约运动中，站内又仔细计算了注水站停止工作一分钟所造成的经济损失和政治损失，有的同志痛心疾首地说："不严格执行岗位责任制度，造成停产，就对不起党，对不起人民。这不仅是损失多少钱的问题，更重要的是帝国主义和各国反动派在欺侮我们，国家建设很需要石油的情况下，给国家少注了水、少采了油。"在提高认识的基础上，大家保证今后一定要严格地执行岗位责任制。

贵在坚持　贵在认真

这个站的岗位责任制从建立以来，虽然一直处在逐步定型的过程中，但贯彻执行得却很严格；制度一经建立，任何人都必须坚决执行，用工人的话说就是"硬得很"。有一次，一个同志因为没有按时巡回检查，井组同志马上反映到站上，站上连夜开会，大家给他讲道理。第二天站上领导又找他谈话。这个同志从此以后贯彻执行岗位责任制度严格，工作很有成绩。

为了加强岗位责任制的贯彻，这个站还规定每天下午四点半到六点为岗位责任制活动时间。活动内容一是学习，二是考试，三是总结交流经验，四是检查执行情况，开展群众性的表扬批评。此外，这个站还坚持了班班评比和例行检查制度，班长班班检查，站长天天检查，群众互相检查，并和月末的五好评比、评奖金等工作紧紧结合在一起。

在贯彻执行岗位责任制过程中，由于有的人检查要求不一，技术水平有高有低。对于这些问题，他们通过岗位责任制活动求得解决，一方面对各项检查标准作了明确规定，一方面坚持岗位练兵，除了技术员定期讲课之外，还经常组织技术表演和"会诊"等活动。"会诊"就是一个人在巡回检查中发现了问题，邀请大家都去参观，再开会讨论分析，最后解剖证实问题。这种岗位技术练兵和岗位责任制活动，在提高工人技术水平上，收到了良好的效果。一年多以来，这个站内原来没有搞过注水工作的同志，现在都达到了技术工人水平，其中有班长二人、井长六人、工长二人、技术能手二人。工人技术水平的提高，又进一步促进了岗位责任制的深入贯彻。

经过上述一系列工作之后，这个站的岗位责任制的贯彻执行比较深入细致，基本上做到了"四个一样"。今年8—9月份，矿场、指挥部和会战指挥部多次突然检查、半夜检查、下雨天检查，除发现一个刚来不久的同志没有按巡回路线检查外，其他同志在执行制度上都是严格认真，一丝不苟的。

（来源：《战报》1963年10月26日）

在岗位上

——大庆油田李天照采油井组纪事

当你在飞快旋转的机床旁高速切削的时候,当你在富饶的土地上耕耘、播种的时候,当你在瞭望哨里守卫祖国边防的时候,当你在售货台前殷勤接待顾客的时候,当你在精密的显微镜前观察一个个切片的时候,你可曾意识到,你是在庄严的岗位上对祖国履行着神圣的职责?

如果说,祖国的社会主义建设事业,好比雄伟的长城,巍峨的泰山,那么,每个人的岗位,就好比它们的一砖一石。当你站在自己的岗位上,你可曾意识到,一砖一石在我们伟大建设事业中的作用?

假如你还没有认真地想过这样的问题,那么,就请你看一看大庆油田李天照采油井组怎样对待自己的岗位吧!

一颗米粒大小的螺丝

不久前,李天照采油井组突然收到了一封远方来信。

来信的封皮上贴着"双挂号"的红签签,里面装着一颗米粒大小的螺丝钉,还附有八角钱邮票。信上写道:"你们自觉地爱护设备,在自己的岗位上严肃认真,一丝不苟,这种作风值得我们很好地学习。"

这是怎么回事呢?

原来,新工人张学玉有一次操作不小心,把千分卡上的一颗小螺丝弄丢了。张学玉立

刻报告了井长，作了检讨。当天，他从下午找到傍黑，没有找到。第二天，天刚蒙蒙亮，他又赶到井场去找，还是没有找到。

"一颗老鼠屎坏一锅汤，我可不能损坏咱井组的集体荣誉！"张学玉想：李天照井组从一九六一年十一月成立以来，管理和使用的九十件工具、仪表，一千三百六十八件设备，至今件件完好，没有丢过一颗螺丝。今天，自己丢了一颗螺丝事小，破坏了老师傅们辛辛苦苦养成的好作风、好传统，这可是大事！

第三天，他请了半天假，跑到附近的小镇上，问遍所有的自行车修理行，钟表、收音机修理店，想买一颗小螺丝配上。结果，不是没有，就是规格不合适，都未如愿。

张学玉想来想去，终于想出了一个办法。他工工整整写了封信，说明原委，请技术员按照螺丝的形状画了一张草图，标明尺寸，并附上一块钱，寄给制造千分卡的工厂，恳求工厂破例卖给他们井组一颗螺丝。

制造千分卡的工厂，显然被一个普通工人对建设事业高度负责的赤心感动了，决定送给李天照井组一颗螺丝。他们扣去寄信用的两角钱邮费，把多余的钱，附在一封热情洋溢的回信里，寄给了李天照井组。

对一颗小小的螺丝负责到底的故事，从此在采油工人中传开了。

"四个一样"

有人丢失或损坏一件工具，漫不经心地向上级打个报告，重新领一件，这不是我们生活中常见的事吗？新工人张学玉来到李天照井组还不到一年，为什么对一颗米粒大小的螺丝这样认真？

二十三岁的张学玉腼腆地说："跟着好人学好人，我不过是学了咱井长和老师傅们的样呗！"

这是初夏的一天中午。"锥子雨"唰唰地下了一顿饭时辰。井场周围汪了一大片没脚脖的积水。一个小时检查一次设备的时刻到了，雨还是下个不停。采油学徒工刘玉智，从值班房探出头来，望了望西半边已经露出一线亮光的天，连忙侧转身去，问井长李天照："井长，这雨下不长，等它住一住，咱再去检查吧？"

共产党员李天照，三十来岁，浓眉大眼，满脸刚毅、机智的神气。他听了刘玉智的话，斩钉截铁地说了一声"不行"，抄起工具，三脚两步跨出了值班房。

他先检查了"采油树"，又去检查油气分离器，紧接着一溜小跑，来到加热炉旁。加热炉底部已经汪在水里，火苗忽闪忽闪，眼看要灭的样子。他拿起铁锹，挖了三条小沟，排了积水；又放大闸门，弄旺了炉火。他站在雨地里，一直到加热炉的温度恢复正常，这才扛起铁锹往回走。等他回到值班房，浑身上下已经湿透，雨水顺着他的头发、袖口和裤脚直往下淌。他一面脱下上衣来拧干，一面对刘玉智说："小刘啊，岗位责任制就是岗位责任心。越是坏天气，越要按制度办事，抓紧检查。这应该订为咱们井组的一条纪律呢！"

刘玉智偷偷瞅了井长一眼，惭愧地低下头来。他掏出钢笔，把井长的话一字一句地写在工作记录本上。

一个多月以后，雷阵雨频繁的六月天来了。这天，又是刘玉智值班，上午的太阳还是火辣辣的，到了下午，陡然乌云密布，雷鸣电闪，暴雨像瓢泼似地倾泻下来。这次，刘玉智不再怕雨淋风吹了。他想起前些时井长冒雨替他检查设备的情景，浑身来了一股力量。任凭暴雨如注，雷声震耳，他每过一小时就按时出去检查一次井场设备。这天，从下午四点到夜里零点，他全身的衣服被暴雨淋湿了六次，烤干了六次。有人问刘玉智，为什么不等雷阵雨住一住再出去检查？他说："怎么能等？规定啥时检查，一分钟也不能耽搁。不要说下雨，就是下刀子，也要跟晴天干活一个样儿。"

一天夜晚，乌云吞没了星星和月亮。已经十一点半钟了，采油队长白永岗信步到李天照井组去，检查夜班工人的交接班。快到井场了，正是十二点整，只见两个工人一同走出值班房，挨个检查井口设备上的四十六个"检查点"。白永岗在暗中停下来，注视着他们的动作。突然，在分离器前，他们也停下了，接班工人李润纪用手摸摸玻璃管，摇摇头说："不行！上边还有油泥哩。你擦干净了，我才能接。"交班工人二话没说，拿起一片毛毡，把玻璃管擦得亮晶晶的。

第二天，采油工人们告诉李润纪，白队长昨夜里暗查你们哩！李润纪笑笑说："查也不怕。咱干活，夜班和白班一个样儿，一点儿不能马虎！"

李天照井组管的油井，周围一二里地没有人烟。一口井昼夜只有一两个人值班。井场这样荒僻，工人们干活又没人监督，他们能自觉工作得很好吗？

这天夜晚，蒙蒙细雨像雾一样遮天盖地。李天照冒雨来到井场检查工作。快到井场了，他看了看左腕的夜光表，时针正指着七点五十七分。

"离八点只差三分钟了。张加祥该准备出来巡回检查啦，怎么井场上还是一片漆黑？"李天照正在纳闷，一眨眼之间，井场上那盏照明灯倏地亮了，门吱呀一声开了，值班房里走出一个熟悉的身影。那人拿着一把管钳，大步走近井口，细心地独自弯腰检查"采油树"的阀门。

"是他！真是跟钟表一般准！"李天照高兴得几乎喊出声来。他暗地目不转睛地看着张加祥按顺序查完了井口设备的"检查点"，又嚓嚓地踩着泥泞，沿管线向前检查去了。张加祥手里的电筒忽明忽暗，从那淡黄色的光柱里，还看得见雨丝在闪亮。

等李天照走进值班房，他的肩膀已经淋湿了。他亲昵地拍了张加祥一巴掌，说："老张，你今天检查得挺严呀！"张加祥没想到自己的井长冒雨上井，心里热乎乎的，答道："井长，你不用操心啦。干活嘛，领导在不在，咱都是一个样儿！"

李天照井组的每一件设备，都严格实行挂牌制度。每小时巡回检查过后，开动的设备，就挂上一个"开"字牌；停车的设备，就挂上一个"关"字牌。一天夜里，十二点刚过，李天照悄悄上井，把套管阀门上的"开"字牌，暗暗换上了"关"字牌，就走了。

第二天一大早，他就跑上井去检查。他看到夜班工作记录本上有一条写道："夜一点，发现套管阀门挂错了牌，应该挂'开'挂成'关'了。"

李天照笑了。夜班工人一见他笑，心里猜着了八九分，忙问"井长，可是你动了我的牌子？"李天照说："对啦。我想检查检查你哩！"夜班工人朗朗大笑起来："那还有啥含糊的？查不查都是一个样儿！"

"坏天气和好天气干工作一个样。""夜班和白班干工作一个样。""领导不在场和领导在场干工作一个样。""没有人检查和有人检查干工作一个样。"自从一九六二年六月大庆油田开始执行岗位责任制以来，李天照井组经过领导三千多次的明查暗访和二十次大检查，每次都证明他们做到了干活"四个一样"。

高度的革命自觉，"四个一样"的好作风，使李天照井组管的几口油井，已经安全生产一千八百多天，月月超额完成生产任务。他们在井上记录的两万多个地质数据，经过四十七次反复检查，没有一个差错；油井上各种设备的八百六十三个焊口，一百五十六个阀门，没有一处漏油漏气。

李天照井组的这种严格作风，经过领导的总结推广，很快就像一阵春风，吹遍了矿区的每一口油井。

从不自觉到自觉

世上没有天生的英雄。李天照井组的工人们，逐步摆脱旧社会被压迫的劳动者对待劳动的旧习惯、旧影响，培养起主人翁的劳动态度，也经历了一个从不自觉到自觉的过程。

这是井组成立不久的一个夜晚。夜已深沉，"三星"慢慢移向西天。采油工人宿舍里早已响起阵阵鼾声。只有李天照独个儿坐在床边凝神沉思。一些不称心的事在他脑子里翻腾：全组连他在内七个采油工，有五个人过去没有管过井，连关闸门、量刮蜡片、下钢丝绳这些简单活，也都出了差错。除他以外，唯一干过采油工的李润纪，身在井上，心在家里，整天闷声不语，上夜班躲在门后打瞌睡。唉，七个采油工，就像马尾巴搓绳，怎么也合不起股……

"怎样才能把井管好？怎样才能让人们爱上自己的岗位？"他想着，习惯地从床头那个写着"思想钥匙"的纸袋里，取出毛主席著作，借着灯光默读起来：

"白求恩同志毫不利己专门利人的精神，表现在他对工作的极端的负责任，对同志对人民的极端的热忱。每个共产党员都要学习他。"

"一个人能力有大小，但只要有这点精神，就是一个高尚的人，一个纯粹的人，一个有道德的人，一个脱离了低级趣味的人，一个有益于人民的人。"

《纪念白求恩》这篇文章，李天照已经读过好多遍了。今夜，他再一次默读着这两段，心想：我是共产党员，一定要用这把思想钥匙，先打开李润纪心上的锁。

第二天，他去找李润纪谈心。他说，常言道，锅里有了碗里才有。要想咱自己的生活过得好，首先要国家富强起来。建设国家要石油，咱石油工人干的活，就是要甩掉石油工业落后的帽子，使国家富强起来。李润纪听着，点点头，嗯了几声，没有吭气。

过了几天，他又去找李润纪，谈自己苦难的童年。

李天照从八岁起给地主家放牛，一年到头没吃过一顿饱饭，寒冬腊月穷得穿不起鞋子。有一次，实在饿极了，吃了喂牛的嫩红薯叶，被地主看见了，啪地一耳光，打得他脸上鼓起五条血道道。后来，受不了地主的折磨回了家，靠奶奶彻夜纺线过日子。三天纺一斤棉花，换一斤小米，全家老小六口哪里够吃？只好挖野菜，吃观音土。稀稀拉拉的野菜汤，白天端碗照得见太阳，夜晚端碗照得见星星月亮。不久，爷爷就活活饿死了。一家人哭哭啼啼，把仅有的一亩四分地卖掉了八分，才葬了爷爷……

李天照说："李师傅呀，咱俩虽说不是一地人，可都是穷兄弟。如今咱们是石油工人，是国家的主人，可不能忘了本！"李润纪听了，眼圈发酸，心里觉着火辣辣的。

这时候，李润纪自己也不知道是为什么，李天照平日许许多多舍己为人的行为，都在自己脑子里涌出来了：井组里有人病了，他做好病号饭，端到床前。他替身体不好的工友顶班，累得晕倒在井场上，没有对一个人说过。他把自己的棉大衣送给钱德昌穿，自己只穿一件棉袄。他看到钟信亮的褥子破了，怕钟信亮夜里冷，立刻揭下自己的褥子，给钟信亮铺上。有一天房子漏雨，他拿起雨衣，盖在刘玉智的东西上，却听任自己的衣物淋得透湿。他常常悄悄地给井组的工友们缝补丁、缀扣子、洗衣服、打洗脸水……

"井长是工人，我也是工人。他为啥那样自觉？我为啥不能？"李润纪自己责问自己。他下定决心："我要向他学习，当一个自觉的采油工。"此后，李润纪不像过去那样落落寡合了。工友们推举他当"讲师"，给大伙讲解操作技术。每天下班回来，他脸也不洗，饭也不吃，总是先写一阵子"讲授提纲"。有时，别人都睡了，他还在灯下写。

前面提到的六次冒雨检查设备的刘玉智，在前进的道路上，也有过像李润纪那样的经历。

刘玉智的老家在山东农村。他刚到井组的头几个月，家乡遭了天灾，家里常来信向他要钱。他上井值班，总是愁眉苦脸，心神恍惚。有一次，当班填写工作记录，九十多个字居然漏了十一个字。

这天夜晚，李天照趁工友们都已入睡，跟刘玉智肩靠肩坐着，轻声地倾心交谈起来。李天照先像兄长似的安慰刘玉智，告诉他要学会安排生活，然后对刘玉智说："咱们石油工人，身上的担子可不轻啊！你想想，天上飞的，地下跑的，哪一样离得了油？咱个人再有啥不幸，总还是一个人的事，万万不能影响工作啊！"

李天照告诉刘玉智，他1956年在玉门油矿头一次穿上采油工人的工作服时，高兴得拉着别人跳。但是，光是穿上了采油工人的衣裳，并不等于有了工人阶级的自觉。当时，他看到党的小组长——一位有着二十多年工龄的老工人，经常在任务紧迫时加班工作，悄悄替身体不好的工人顶班，到了月底，又从来不说自己加过班，不为自己争功。李天照问这位老师傅为什么工作不怕劳累？老师傅掏出一本《怎样做一个共产党员》送给李天照，笑着说："你看看这个就明白了。"李天照说，从那时以后，他才开始懂得应该怎样去劳动。

一个晚上的倾心交谈，刘玉智的思想开了窍。他慢慢地从个人烦恼中苏醒过来，振奋精神，积极钻研技术。有一次，矿区的一位领导同志上井检查，从油井管理、机器设备到操作技术，一连盘问他一个半小时，他对答如流。这位领导同志惊叹地说："你真是个问不倒的'刘铁嘴'！"

随着工人们阶级觉悟的不断提高，李天照井组对工作的要求更加严格了。

井场上展开了练基本功的活动。工人们反复地练习开井、关井，练习拆装阀门、上螺丝的动作，一直练到闭上眼睛跟睁着眼睛做得一样地快和准。八种粗细不同的喷油嘴，闭起眼睛去摸，也不差分毫。

清蜡时断钢丝，是采油工人最伤脑筋的事。他们就在筐子里装满石头，用好钢丝，打着死扣的钢丝，扭成各种弯的钢丝和刮掉一层皮的钢丝系着，一次又一次试验钢丝在不同情况下的拉力。

井口的班报表，已经填得准确无误了，工人们不满足，还要写得整齐、美观。每人都买了个本子，下班后就练习写字。既有益于文化学习，又有利于生产。

油田的"地下警察"

过去的采油工人，历来都是"上井三件事"：扳扳管钳，换换油嘴，看看压力表。李天照井组把油井管得这样出色，在整个矿区已经是有口皆碑了。但是他们还不满足，有一次，通过井口上一个几乎无法觉察的变化，他们又把管理工作从井口深入到地下了。

那是一个晴朗的早晨，朝霞映红了半边天。李天照正在一口井上帮助值班工人清蜡。突然，他发现从井筒中取上来的铅锤顶端，漾着一滴豆粒大的水珠。朝阳映照着水珠，一闪一闪地发亮。"水珠，油井下面怎么会有水珠？"一滴小小的水珠，没有逃过李天照锐利的眼睛。他正要轻轻把水珠取出来，不想，铅锤一歪，水珠滚掉了。

一个采油工人看到井下的一滴水珠，完全可能漫不经心地把它放过，但是，李天照却一连几天苦苦思索着这件事："油井下面怎么会有水珠？"

李天照提议，把井口的油气分离器打开，从中取出水样来化验。这是一件又脏又繁琐的活。有一个工人背地里嘟囔开了："豆粒大一滴水珠，值得这样大惊小怪？真是没事找事！"

夜晚，李天照在宿舍里给全组工友讲《愚公移山》的故事。大伙儿一边听，一边议，决心用愚公移山的精神，一点一滴地收集井下的水珠，把问题弄一个水落石出。

工人们花了大半天时间，把分离器打开，洗净，擦干，重新盛满原油。然后，极细心地取出水样。好不容易才积了一口就能喝得干的小半杯水，连夜派人送去化验。

化验的结果表明：是地层里面原有的水。这同地质部门掌握的地质资料相符。

但是，李天照和井组的工人们还是不放心。

"是哪一个水层的水？水珠是从哪一个部位跑进井筒的？"他们要寻根究源，打破砂锅问到底。

于是，又翻出几年前钻井时的资料，进行分析研究，一直到他们从井温曲线和电测曲线里，找到水层的位置，断定了水珠跑进油井的原因，心里一块石头才算落了地。

岗位责任制

过了不久，李天照又两次发现，铅锤顶上的水珠一次比一次增多了。他感到很诧异，和井组工人们像取珍珠一样，白天、黑夜、晴天、雨天，从不间断地从铅锤顶上取出一滴滴水珠去化验。

李天照反复地思考着。他找地质师们一起分析、研究，到附近井组去搜集地质资料……

整整八个月过去了。李天照井组的工人们花费了多少心血和艰辛的劳动！他们前后三次彻底弄清了水珠的来历，为指导油井持续正常生产，提供了一项很有价值的资料。

井下的情况，本来是地质师、工程师、科学研究人员经管的事。李天照和井组工人们，前后三次为查明井下水珠的来源所付出的创造性劳动，反映了他们坚守岗位的高度自觉精神。如果所有的采油工人都能像他们这样，那么，人们就可以更加主动地掌握油田地下的规律，把油田管理工作提高到一个崭新的阶段。

不久，油矿领导机关号召所有的采油工人，向李天照井组学习，当好油田的"地下警察"。全矿区经过会考，选拔出李天照和五十多名优秀的采油工人，带头当"地下警察"，把管井工作从地面深入到地下。

李天照井组像一面红旗，在大庆油田的原野上招展。矿区领导人、地质师和工程技术人员们，这天拿着喜报，踩着锣鼓点子，到李天照井场上去贺功。李天照双手恭恭敬敬地接过喜报，满脸堆笑地说：

"人人有自己的岗位，咱采油工人的岗位在地上，也在地下。全国人民托咱管油井，管好它是咱的本份。"

（来源：《人民日报》1964 年 5 月 6 日）

岗位责任制的灵魂是政治责任心

今天本报发表了原采油三矿五队队长姬德先同志关于"做好上岗中的思想政治工作是执行岗位责任制的关键"的报道，这篇文章给我们提出这样两个问题，这就是工人发生了问题，靠斗争，还是靠思想教育；执行岗位责任制靠命令，还是靠自觉，这是一个在具体工作中必须注意解决的一个问题。

我们推行岗位责任制的经验证明，执行岗位责任制，和所有革命工作一样，都必须依靠职工群众的自觉。但是，依靠群众的自觉决不意味着放任自流，而是要通过经常的、深入细致的思想政治工作，以增强职工的政治责任心。正如姬德先同志所说的那样"政治责任心是岗位责任制的灵魂"。

提高职工的政治责任心，是一项深入细致的思想工作，必须坚持说服教育。毛主席在《关于正确处理人民内部矛盾的问题》中，教导我们说："马克思主义者从来就认为无产阶级的事业只能依靠人民群众，共产党人在劳动人民中间进行工作的时候必须采取民主的说服教育的方法，决不允许采取命令主义态度和强制手段。"我们推行岗位责任制之所以能够取得一些成绩，都是和坚持了这条原则分不开的。

在各项实际工作中，认真坚持说服教育，增强职工的政治责任心和革命自觉，并不是一件容易的事情。最重要的是牢固地树立群众观点。只有对群众在革命与建设中的地位和

作用有了正确认识，才能够采取说服教育的方法；只有使广大职工都认识到自己在革命和建设中的地位和作用，才能增强政治责任心和革命自觉性，才能够严格地遵守岗位责任制。

姬德先同志开始处理"三支烟"的问题时，曾坚持开大会斗争的方法。当他认识到"干部也有责任"，而这种责任就是没有能够从经常的思想工作中去培养职工的革命自觉的时候，才采取了说服教育的方法。"三支烟抽掉一口五好井"，批评斗争一顿，未尝不可以取得一时、一事的表面效果，但不能解决根本问题。因此，工人发生了问题，靠斗争压服，是不能解决根本问题的，必须靠深入细致的思想工作，使职工认识到他管好这口井是党分配给他的革命岗位；他的岗位工作，哪怕是砌一块砖，挖一锹土，都是建设社会主义的光荣岗位，那么，执行岗位责任制就不是"奉命行事"，而是更好地履行自己的职责的自觉要求了。

在具体工作中如何体现政治责任心是岗位责任制的灵魂。首先，要教育职工把自己的工作岗位和整个油田建设以及社会主义建设密切联系起来，作一个革命的永不生锈的螺丝钉。个人和集体联系起来才有力量，工作和整个革命事业联系起来才有意义。因此，就事论事的表扬或批评，都不能达到增强政治责任心和革命自觉性的目的。

第二，教育职工加强纪律性。列宁曾经指出："特别注意加强和巩固劳动者的同志纪律，并全面提高他们的自动性和责任心。"岗位责任制本身就是一种纪律，它要求人人在提高思想认识的基础上自觉遵守。只有人人遵守纪律，并养成遵守纪律的习惯，才能巩固责任制度。

第三，教育职工，特别是青年职工，认清大企业生产的特点。我们的企业由成千上万的人员、大量的机械设备、许许多多的工序组成。实现质量全优，保证有节奏地、有秩序地进行生产，必须建立在人人坚守岗位责任制的基础上，否则就无法进行质量全优的生产。工人阶级严密的组织性和严格的纪律性，也正是由于大企业的这种特点形成的。

广大职工政治责任心和革命自觉性的进一步增强，是我们更好地执行岗位责任制的基本保证，也是提高我们企业管理水平的重要保证。

（来源：《战报》1964年7月7日）

岗位责任制是一项基本的生产管理制度

——北二注水站建立岗位责任制十年的经验

采油一部北二注水站，是1962年创建岗位责任制的试点单位之一。他们高举"鞍钢宪法"的伟大旗帜，坚持"两论"起家、"两分法"前进的光荣传统，在三大革命斗争中建立、坚持和发展岗位责任制，使泵站的管理水平不断提高，有力地促进了生产的发展。

十年来，这个站优质、高压、平稳注水数千万方，对保持油层压力，实现油田高产稳产起了重要作用。全部设备始终保持不渗、不漏、不脏、不锈，台台完好。三台高压离心泵，有两台已安全运转四万多个小时，只有一号泵换过两个叶轮，二、三号泵没有换过大小配件；现在使用的工具大都是建站初期领的，始终保持对号入座，没丢过一件；应取的资料数据，全部保存，齐全准确。

十年来，随着生产管理的不断加强，劳动生产效率也不断提高。现在这个站管理的注水范围和注水井数，比建站初期扩大了三分之一，并增加了污水回注，人员却由原来四十人减少到九个人。站里工作仍保持有条不紊，秩序井然。

北二注水站生产之所以搞得这样好，因素很多。从加强科学管理来讲，严格贯彻执行岗位责任制这个基本的生产管理制度，是个很重要的原因。他们建立和执行岗位责任制十年的经验集中起来，有以下四点：

坚持实践第一，依靠群众建立岗位责任制

毛主席教导我们："人的正确思想，只能从社会实践中来，只能从社会的生产斗争、阶级斗争和科学实验这三项实践中来。"北二注水站的岗位责任制，就是遵照毛主席的教导，从总结群众经验入手，在"三大革命斗争"实践中建立起来的。

1962年4月，北二注水站刚投产，就遇到一连串矛盾。人员来自四面八方，缺乏管理泵站的经验。岗位无专责，操作无规程，设备无保养，工作无头绪。一个班八、九个人跑前跑后，忙成一团，面对大泵站、新设备，真像"老虎吃天，无从下口"。四台大泵，一试车就发现七十多个问题，全站仅螺丝就缺七百多条，工具、器材管理混乱，工作职责不清，出了问题就扯皮，影响革命团结。大家心里十分着急，有的工人写顺口溜说："现在上了班，心里实不安；工作没头绪，忙得团团转。设备一台台，不知咋来管；有劲无处使，啥时能改变？"

不久，油田党委发出了"加强基础工作，开展红旗队运动，建立岗位责任制，大力改进作风，全面管好生产"的号召，就在这时，站上一号泵发生了断连杆的事故。针对这件事，全站开展"为什么断连杆"的大讨论，大家反复学习毛主席光辉著作《实践论》《矛盾论》，从断连杆的事故中吸取教训，使大家认识到，事故出在"乱"上；乱就乱在事无专人管、人无具体责任，有的事大家都管，有的大家都不管，要保证生产的顺利进行，非把站上百余项岗位工作和全站几十名岗位工人的关系用一定的制度固定起来不可。

怎样建立岗位责任制呢？北二注水站的同志在党支部的领导下，遵照毛主席关于"从群众中来，到群众中去"的教导，发动岗位工人一面总结过去的经验教训，弄清应该怎么做，不应该怎么做；一面查物点数，摸清家底。在此基础上确定岗位，划分管理范围，明确职责，建立制度。比如，当时，苗安安班在生产中，分工明确，各负其责，认真负

责。当他们上班时,别的同志就去学习,跟班写实,看他们在班上都管几件什么事,领导并帮助他们总结出第一个岗位专责制。交接班制是总结张洪洲班接班时,总是认真询问情况,仔细检查设备的做法订出来的。田发林班上班时,每隔一定时间就对设备流程检查一遍,有次序、有路线、有重点,忙而不乱,这种做法用制度形式固定下来,就产生了巡回检查制。后来,又逐渐健全了设备维修保养、质量检验、班组经济核算等制度。

实践是检验真理的唯一标准,也是不断修订完善岗位责任制的基础。北二注水站把群众的经验综合起来,变成有条理的规章制度,又拿到群众的实践中考验这些制度是否正确。经过在实践中反复修改、充实、提高,使岗位责任制更加适应生产的需要,更有利于群众贯彻执行。比如弹子盘打黄油,开始由于没有保养制度,谁想什么时候加油就加,谁愿加多少就加多少。常因油太多或缺油而发热。第一次建立设备维修保养制时,规定七十二小时对全部弹子盘打一次黄油。后来,大家在执行中又逐步摸索到,有的弹子盘耗油快,未到保养时间油就耗完了。于是采取区别对待的办法,从而使制度更加科学化。

在建立岗位责任制的过程中,他们不仅总结自己的实践经验,还认真学习兄弟单位的实践经验,以人之长,补己之短。交接班记录、检查指示牌等规定,就是从兄弟单位学习来的。

从总结群众经验入手建立的岗位责任制,很快变成了全站群众自觉行动。工人们说:"咱们站的制度,是土生土长的。记起来简便,执行起来顺手。"制度建立后仅一个月时间,泵站面貌就改变了:全站设备正常运转,台台完好;大家用找、配、代的方法,配齐了七百多条螺丝,修好了七十多个闸门;杜绝了工具丢失现象,半年内就避免了九起重大事故。同时,还增强了班与班,岗位与岗位之间的革命团结。工人们又写了一首顺口溜:"建了责任制,情况不一般。人人有专责,事事有人管。上班各就位,工作样样完。走进咱泵站,人人心喜欢。"

增强岗位责任心，自觉执行岗位责任制

毛主席教导我们："政治是统帅，是灵魂"。要坚持贯彻执行好岗位责任制，必须坚持政治挂帅，把教育群众增强岗位责任心放在首位，这是北二注水站坚持执行岗位责任制的又一个体会。

有一段时间，站里领导对抓岗位责任制与抓岗位责任心的关系处理不好，出现了就制度抓制度的情况，结果，有的同志条文都能背过，但执行得不好。这是为什么呢？党支部从一次乏气头冻结问题的具体分析，进一步认识到：岗位责任制的灵魂是岗位责任心。抓制度必须坚持无产阶级政治挂帅，坚持思想领先，举纲目张；就制度抓制度，必然越抓越偏，甚至滑向资产阶级"管、卡、压"。从此以后，队党支部和注水站的领导，坚持把思想政治路线教育放在一切工作的首位，组织职工认真读马列的书，认真学习毛主席著作。有的同志不安心泵站工作，岗位工作不严不细，他们就组织大家学习《为人民服务》《纪念白求恩》等著作，从中学立场、学观点、学方法，树牢全心全意地为人民服务的世界观，把岗位工作和社会主义革命、社会主义建设的大局联系起来，提高路线斗争觉悟。每次新工人到站，除了组织他们学习毛主席《为人民服务》等光辉著作外，还要上好"三课"，这就是：忆苦思甜，进行阶级教育；联系国际国内阶级斗争实际，进行形势教育；学习铁人精神，进行会战传统教育。使同志们牢记阶级斗争，不忘"四个存在"；胸怀远大目标，热爱本职岗位。

老工人苗安安是1962年制订岗位责任制的参加者。十年来，他坚持执行岗位责任制一丝不苟。一次，他按制度规定巡回检查之后，对电动机轴承不放心，再去进行检查。当他经过电动机跟前时，觉得脚底下有轻微震动。他反复检查了两个小时，断定是电动机轴瓦有问题。拆开一看，果然是轴瓦磨损了。由于处理及时，避免了一场烧瓦事故。

女职工王桂霞，四个孩子，家务事多，但她以革命利益为重，克服困难，坚持顶班。有一次，她已顶完八小时班，下班回到家门口，想到

岗位责任制

最近污水回注工程刚投产，水质变化大，接班的同志化验技术不熟，如果化验稍有误差，就会影响油田高产稳产。她没有进家门，赶忙返回泵站，帮助接班工人取水样、搞化验，这班干完后，又帮助上零点班的同志，这一天，她在岗位上连续工作了二十个小时。有的同志为了解决大泵轻微渗漏，反复进行五次检修；有的同志发现电动机通风滤网有灰尘，尽管制度没有规定，他们也主动每月清洗一次。

北二注水站的同志就是这样，把做好岗位工作与发展石油工业联系起来，自觉从严，一丝不苟。更重要的是，他们在毛泽东思想的哺育下，经过三大革命斗争的磨炼，思想革命化和技术水平都得到了不同程度的提高。十年来，先后为兄弟单位输送了五十名技术工人，有十一人走上各级领导岗位。现在站上的九名同志，有七名是先进工人，成为战区泵站的一面旗帜。

分清路线是非，在斗争中坚持岗位责任制

毛主席教导我们："任何新生事物的成长都是要经过艰难曲折的"。北二注水站贯彻执行岗位责任制，也经历了一场尖锐复杂的两种思想、两条路线的斗争。

在那段特殊时期，他们亲手创建的岗位责任制，也被从墙上撕了下来，班上也出现了纪律松弛的现象。有一次交接班时，交班工人按巡回检查线路逐点逐项交接情况，接班工人却说："现在外面有人说这些都是管、卡、压，我们还搞这一套干啥？""这一套到底还要不要搞？"这个问题引起了党支部的深思，在党支部的领导下，班长赵克新组织全班反复学习毛主席关于"管理也是社教""无政府状态不符合人民的利益和愿望"等教导，回忆了大庆会战的光荣传统和本站创建岗位责任制的历史，结合站上实际情况，并抓住一个大水罐差点造成恶性事故的典型事例，进行解剖分析：

按制度规定，检查大罐水位，必须"看到""摸到"，以便防止水位

指示器被滑轮卡住失灵，造成假象。可是有个工人觉得规定这么细，没有必要。有一次，他在检查水位时，只是看看，没有"摸到"。三次巡回检查，都发现水位是六米五，保持正常。可是他又怀疑：为什么过了几个小时水位没有一点变化呢？当他再次跑去用手活动了一下指示器，突然指针跳起来，落到二米五的实际水位上。这个问题如果不发觉，再过半小时，大罐就会被抽空，造成机泵的重大事故。这个工人及时采取了措施，才避免了一场恶性事故。

通过解剖这件典型事例，使大家深受教育。岗位责任制中的具体规定，反映了生产过程中的客观规律，违反制度，生产就出问题，就要遭到客观规律的惩罚；按制度办事，被动就会变主动，有隐患也能及时排除。一些曾经参加创建岗位责任制的老工人深有体会地说："大庆工人岗位责任制，是用血的教训换来的，是在三大革命斗争中总结出来的，历史和现实教训都说明岗位责任制是必不可少的。坚持不坚持岗位责任制，这不仅是个生产管理问题，而是个路线问题。"

类似这样的路线分析，近几年来全站就进行了三次。通过这些分析，提高了觉悟，分清了路线是非，增强了为捍卫毛主席革命路线坚持执行岗位责任制的自觉性。这个站有个一号泵，从1964年底累计的运转小时后面挂了"零八分钟"的小尾巴，有人嫌麻烦，主张去掉。但岗位工人说：这"零八分钟"也是设备运转的真实记录，我们坚持"三老""四严"的作风一分钟也不能马虎。从此，每个班都坚持在三项记录簿上填写这个"零八分钟"，从1964年到现在，已经坚持了八年，一号泵已运转了四万一千一百八十三个小时，仍挂着"零八分钟"这个小尾巴。北二注水站的同志就是这样，在斗争中坚持，在斗争中发展，使岗位责任制提高到了一个新水平。

培养"三老""四严"作风，从严过细地落实岗位责任制

毛主席教导说："我们应该是老老实实地办事；在世界上要办成几

件事，没有老实态度是根本不行的。"北二注水站的同志从实践中体会到"三老""四严"的革命作风，是职工高度社会主义觉悟的具体体现。有了这种作风，工作就扎扎实实，不尚空谈，不务虚名，不搞形式主义，做出事情就能信得过，遇到困难就能顶得住。北二注水站就是把这种作风变成了群众的自觉行动，保证了各项制度的贯彻落实。他们在抓作风方面，主要采取了以下作法：

一、干部做出好样子，带出好作风。北二注水站所在单位北八队的干部，都能严格要求自己，处处以身作则，要求站上工人做到的，自己首先做到。遇到困难，他们顶在前头，风雨天按时检查，节假日亲自顶岗。把思想政治工作做到生产过程中去，做到岗位上去。去年一天夜里，突然下了一场暴雨，指导员李大富冒雨赶到现场，发现两台正在运转的大泵由于电压低自动停车了，值班的一个新工人不知所措，李大富就同这个新工人一起采取措施，防止了一次事故。事后，李大富又教这个新工人怎样坚守岗位，预防事故。干部的模范行动，成为站上工人自觉培养"三老""四严"革命作风的好榜样。

二、狠反"一粗、二松、三不狠"的老毛病，斗出好作风。这个站也不止一次发现过执行制度不严不细的现象，甚至出现过一些事故苗头。站上领导发现这些问题从不轻易放过。都要发动群众分路线，找原因，谈危害，挖根源，狠反"一粗、二松、三不狠"的老毛病。在平时工作中，事事、时时、人人讲作风。每次岗位责任制检查，发现好的作风，就大力宣扬，大力提倡，发现坏的作风就及时纠正教育。这样，就使坏作风成为"老鼠过街，人人喊打"，让"三老""四严"的革命作风在人们心里深深扎根。

三、通过实际工作磨练，养成好作风。泵站管理都是一些大量的、常见的、细小的实际工作。北二注水站的同志，很注意通过这些实际工作磨炼自己。比如郭春芳和于忠生在修理好排污泵后，发现指甲盖那么大的压盖螺栓不见了，当时，交班时间已到了。怎么办？郭春芳和于忠生都说："螺栓找不到，心里就不踏实，我们决不能给设备留下隐患。"于是他们又重新卸开设备，取出叶轮，终于在泵壳里面找出了螺栓。北二注水站的同志就是这样在实际工作中磨练，磨掉坏的，练出好的，逐渐形成一个搞不好工作就吃不下饭、睡不好觉，一有任务就抢着去干，说干就干，干就干好的好习惯。

四、树立先进典型，使好作风形成风气。北二注水站很重视用典型事例，宣传"三老""四严"的好作风。近几年来，他们宣传了坚持执行岗位责任制十年如一日的老工人苗安安，自觉从严，一丝不苟的青年工人郭春芳，不怕艰苦，连续战斗的王桂霞。通过宣传这些典型事例，对培养好作风起了样板作用，使这种好作风在全站逐渐形成风气。

采油一部调查组

（来源：《大庆战报》1972年6月27日）

北二注："岗位责任制"站魂不变

编者按 "高举大庆红旗"需要油田上下行动起来，基层班组是前沿阵地。班组是企业的细胞，是基层的最小管理单元。大庆油田数以万计的班组遍布在各条战线、各行各业。大庆油田始终重视班组建设，不断推动班组建设上水平，夯实了企业发展基础。

日前，本报记者深入一线"探班"，从班组这个独特视角，探寻大庆红旗之所以历久弥新的奥妙。从中不仅感受到大庆油田精细管理的功力之深，更受到了一次优良传统教育，也增添了对大庆油田新发展的必胜信心。

4月3日，记者走进了"岗位责任制"发源地——采油一厂第二油矿北八采油队北二注水站，在工作的每个细微瞬间，体验这支"娘子军"的异样风采，在时钟的滴答声中，感受她们对站魂坚守的每一秒。

早上8时，当班的站长刘梅、注水工赵欣与上一班人员准时进行一对一交接班，她们对设备运行情况、卫生情况以及68项运行参数逐一进行交接，确保各个点项交接清楚后上岗。

北二注水站目前有两台机组正在运行，平均每天注水1.6万立方米，保证北一区四条注水干线的注水任务。在这里一直默默坚守的是平均年龄37岁的13名女员工组成的"娘子军"。

10时，当班的第二次巡检开始。走进生产泵房，巨大的机器轰鸣声，只能让人互相喊着说话，刘梅与赵欣看上去更像两个大夫对各个点进行"望闻问切",看看温度计、摸摸注水泵……

刘梅告诉记者:"每个班我们是两个小时巡检一次,8个小时进行一次水质化验,每一项达到什么标准来不得半点马虎和将就。"

其实这也一直是北二注水站的传统,52年来,站在变:设备换了四次,人员更替了十几茬,但魂未改:始终坚持"岗位责任制",践行岗位责任心。

记得今年春节前,赵欣在一次巡检时感觉电动机运行声音有些不对,虽然注水机组数据、温度、压力都没有显示异常,但凭借多年经验,她借助"听诊器"仔细排查,确定有问题,于是立即停运注水机组并汇报上级,专业维修人员检查后果然发现设备出现了异常。

采油一厂的会战传统教育展览就设在北二注水站里,站里的每个人都是讲解员,这些年,她们始终坚持教育不断线,传承不丢根,创新不失真。

她们用行动传承"岗位责任制"的同时也在实践中不断地丰富和创新,用她们自己的一言一行践行着以"上标准岗、干标准活、交标准班"为内容的"三标"行为文化。

采访结束时,记者发现本该下班的一名员工依然在做着记录,原来因为中途换笔,有一处字迹有些不清,她觉得看上去不规整也怕误导人,于是撕毁重新抄写数据。

一件小事再次折射出北二注人的细致与责任心,也正是这样,建站52年来,他们累计录取近800万个数据无差错,安全生产18955天无事故。

(来源:《大庆油田报》2014年4月9日)

岗位责任制：大庆油田的传家宝

习近平总书记9月26日致信祝贺大庆油田发现60周年指出，60年前，党中央作出石油勘探战略东移的重大决策，广大石油、地质工作者历尽艰辛发现大庆油田，翻开了中国石油开发史上具有历史转折意义的一页。60年来，几代大庆人艰苦创业、接力奋斗，在亘古荒原上建成我国最大的石油生产基地。大庆油田的卓越贡献已经镌刻在伟大祖国的历史丰碑上，大庆精神、铁人精神已经成为中华民族伟大精神的重要组成部分。

1959年，松嫩平原腹地。松基三井喷出第一股工业油流，唤醒了古老的黑土地。此后，以铁人王进喜为代表的几万石油会战职工，经过三年半艰苦卓绝的夺油大战，一举改变了我国石油工业落后的面貌，实现石油产品基本自给，结束了中国人使用"洋油"的时代。

累计生产原油23.9亿吨，上缴税费及各种资金2.9万亿元，60年来，大庆人在创造巨大物质财富的同时，也孕育形成了大庆精神、铁人精神。一代代大庆人发扬光荣传统，坚守岗位职责，不断刷新纪录，创造新的奇迹。

爱国的情怀，创业的激情，孕育了大庆精神、铁人精神

20世纪60年代初，在轰轰烈烈的石油大会战中，铁人王进喜喊出了"有条件要上，没有条

件创造条件也要上""宁可少活 20 年，拼命也要拿下大油田"的豪言壮语，大庆人凭借着艰苦奋斗、无私奉献的精神开发建设了当时全中国最大的油田。

"爱国、创业、求实、奉献"的大庆精神以及铁人精神体现和落实到大庆人的工作中，形成了一整套的优良传统和作风。这其中包括"三老四严""四个一样"的过硬作风，实行"岗位责任制"的基本管理制度等。

1962 年 5 月 8 日，大庆油田中一注水站因管理不善，发生了一场火灾。会战工委立即发动群众围绕"一把火烧出的问题"展开大讨论。在讨论过程中，北二注水站发动员工对照中一注水站事故，查找自己的问题，从查物点数做起，由谁管、怎么管、负什么责任，都落实到岗位和每个人身上，做到事事有人管、人人有专责、办事有标准、工作有检查。会战工委及时总结和推广，随着生产的发展，形成岗位责任制。

岗位责任制是大庆石油会战时期职工从油田生产与管理的实际出发，逐步建立和完善的最基本的管理制度，主要包括岗位专责制、巡回检查制、交接班制、设备维修保养制、质量负责制、班组经济核算制、岗位练兵制和安全生产制八大制度。大庆油田在推行工人岗位责任制过程中，又在总结经验的基础上，建立了基层干部、机关干部、领导干部岗位责任制。

5 排 65 井组成立于 1961 年 7 月。井组同志以高度的主人翁责任感和严谨的科学态度做好每项工作，严格执行岗位责任制不走样，在工作中形成了"四个一样"好作风，即对待工作要做到：黑夜和白天一个样，坏天气和好天气一个样，领导不在场和领导在场一个样，没有人检查和有人检查一个样。

大庆精神、铁人精神薪火相传。近年来，大庆油田党委大力开展大庆精神大庆传统再学习再教育再实践，传承弘扬大庆精神、铁人精神及会战优良传统，将其融入油气生产、经营管理、深化改革、提质增效和党的建设等各个方面，用大庆精神建队塑魂，进一步鼓舞广大干部员工士气，推动企业向高质量发展目标迈进，成为稳油增气的强劲引擎。

从铁人王进喜"宁可少活二十年"拿下了大油田，到大庆"新铁人"王启民"宁肯把心血熬干"让油田高产再稳产，大庆精神随着时代和实践的发展而不断创新，成为推动大庆油田乃至我国石油工业发展的强大精神动力。

10月2日，年过八旬的"改革先锋""人民楷模"王启民在参加完国庆盛典后回到大庆，谈起百年油田建设，依然意气风发："我们今后还要为百年油田建设走好长征路，更有信心，为龙江、为大庆油田振兴发展作出新贡献，为'中国梦'的实现作出更大贡献。"

继承不守旧，创新不丢根，赋予大庆精神新内涵

60年岁月峥嵘，60年奋斗不息。严格执行岗位责任制始终是大庆人干事创业、攻坚克难的传家宝，并不断被赋予新的时代内涵，护航企业高质量发展。

作为岗位责任制发源地，北二注水站把严格执行交接班制度等岗位责任制作为必修课，这也是这个站从石油会战至今一直坚持的。

第14任站长刘梅记得，2007年一次启停泵后，生产运行平稳。可师傅说，这台泵好长时间不用了，要多检查几遍才行。师傅带着她检查，每一个点都不放过，发现在仪表盘下的螺栓不紧，及时紧固。师傅说："不细心是发现不了的，就会小问题变成大事故，这就需要责任心。"从此，刘梅不仅严格执行岗位责任制，更增强了责任心。

也正是有着强烈的责任心，该站形成了看、听、摸、闻四字工作法，才有了该站至今安全生产20900余天，累计录取580多万个数据无差错。

走进大庆油田水务公司西水源，"岗位责任制的灵魂是岗位责任心"的石碑熠熠闪光。西水源党支部书记介绍，1963年初，在雪天里，西

水源设备强制保养岗马登嵩照常上井巡检，排查并避免了一次深井事故。事后，当他给大家讲体会时，深有感触地说出了"岗位责任制的灵魂是岗位责任心"。从此，这句话铭刻在大庆人的心里。

在八一输水管线投产前的试水过程中，西水源水厂第一任厂长朱洪昌一只手紧捂漏缝，另一只手紧跟着擦焊口上的水，焊花在指缝间迸溅……管线焊接完成后，他的双手被烧伤多处。此举震撼了全油田。

责任心赛黄金。建厂59年来，西水源水厂10多万张报表无涂改、无错误，177台设备全部性能完好，1164个阀门不渗不漏，41口深井口口井场达标，累计优质供水11.1亿立方米，安全生产2.1万多天无事故。

5排65井组始终坚持"井长做给井员看、老工人做给新工人看、上一代做给下一代看"的言传身教。

第26任井长伍岳在检查52-P278井的时候，发现曲柄销子紧固螺栓损坏了。维修班换完螺栓后已经是上午11点了，虽然到了午饭休息时间，可伍岳毫不犹豫地回队里取来油漆和工具，画好防松线之后才回食堂吃饭。大家纷纷赞许"伍岳不吃饭，先画好防松线""传承'四个一样'优良传统，啥时候都不丢"。

井组资料员赵新鄿在管理计量间的工作中，按照故障、作业、热洗等不同井况，给计量间内的重点井都挂上一个牌，注意事项写得清清楚楚，解决了因井况不明而容易发生的误操作问题，挂牌管理法得到了推广，保障了安全生产。

58年来，5排65井组经过公司、厂、矿、队明察暗访4350多次，没发现一次违反制度，没发生一次责任事故。

大庆油田用制度规范约束干部员工行为，落实依法合规要求，贯彻新发展理念，有效促进企业活动有序开展，防范经营风险，强化质量效益。

大庆喇嘛甸油田发扬岗位责任制优良传统，从最基层、最基本的岗位管理抓起，开展了覆盖7大系统、18家基层单位、所有岗位的岗检，共整改 1315 个问题。他们采用"随查随改"的办法，促进了油田生产平稳运行，提高了基础管理水平。

大庆油田矿区服务事业部已连续多年开展岗检工作，整体上做到了"三看四结合"。"三看"是看精神状态、看制度落实、看工作效果；"四结合"是把岗检同调研结合起来，同重点工作推进落实结合起来，同抓典型结合起来，同年度考核结合起来。他们将检查情况与经济责任考核挂钩，确保考核和岗位责任制真正落地。岗检内容和方法不断推陈出新，升级的岗检内容促进了经济效益、管理水平和队伍素质不断提升。

不忘初心、牢记使命，大庆人永远在路上

今年前三季度，大庆油田完成国内外油气产量当量 3250.32 万吨，其中天然气产量 32.41 亿立方米，均超额完成运行计划。

进入新时代，踏上新征程，实现新发展。60 年，是一个历史的节点，也是一个崭新的起点。

坚持和加强党的全面领导，是建设百年油田的坚强保证。大庆油田党委自觉坚持与时俱进，聚焦推进高质量发展，引导各级党组织和党员把弘扬大庆精神大庆传统贯穿于业务发展和提质增效过程中，铸牢国有企业的"根"和"魂"，始终做到政治本色不变、优良传统不丢、奋斗精神不减。

大庆 1205 钻井队听党话，跟党走，永葆铁人队伍本色。他们牢记总书记亲切嘱托，自觉走前列、当标杆、扛红旗，创新铁人精神加党建模式，牢牢把握"根"与"魂"，以铁人精神加组织生活，以铁人精神加堡垒建设，以铁人精神加两个责任，实现了新时代新业绩新发展。他们首创精益钻井生产模式，聚焦效率、效益，井身质量合格率和固井质量优质率始终保持 100% 的行业高水平，实现了钻井生产模式的突破性创新，并在行业内推广。

大庆油田党委制订《大庆油田基层党建协作区管理办法》，要求工期在 6 个月以上的工程项目，在项目开工前，项目属地单位及参建单位

联合建立党建协作区。按照"支部建在项目上，活动办进工地里"的要求，接受甲乙双方党组织的共同领导，党建联合共建、共享，形成"组织共建、党员共管、资源共享、工作共担"，这是新时期落实党建工作责任制的创新实践。

时下，大庆油田已建成24个党建协作区，探索实施的南I-1项目"一区两部三化"党建协作区管理模式及党建协作区经验在全油田推广，力争形成规范化、标准化、制度化模板，不断提升创建的层次和水平。

在"不忘初心、牢记使命"主题教育中，大庆油田高点站位，快速行动，突出政治引领，强化"油味"特色；聚焦调研实效，推动工作落实；坚持刀刃向内，从严从实检视问题，坚持高标准完成各项任务。

7月1日，大庆油田新时代弘扬传统加强岗位责任制检查启动，突出问题导向，持续探索"审计、监察、内控、岗检、合规"五位一体的管理模式。通过岗检，确定出各专业站队的标杆，代表大庆经验、大庆能力、大庆水平，以标杆带动，让标杆变标准，样板变模板，并以点带面，带动基础管理工作全面提升，为当好标杆旗帜，实现高质量发展筑牢管理根基。

目前，岗位责任制检查工作正在有序推进。大庆油田企管法规部主任说："岗位责任制是大庆油田特色管理的核心内容，岗检是油田的优良传统，是促进岗位责任制落实的重要手段。"

"大庆的成绩和贡献，已经镌刻在伟大祖国的历史丰碑上，党和人民永远不会忘记"。当前，以庆祝新中国成立70周年和大庆油田发现60周年为契机，大庆人正在深入学习贯彻习近平总书记重要指示精神，蹄疾步稳地落实《大庆油田振兴发展纲要》，努力当好标杆旗帜，建设百年油田。蓝图已经绘就，号角再次吹响，大庆人又踏上新的征程……

（来源：《中国纪检监察报》2019年10月15日）

岗位责任制

传统永恒　责任无限
——采油一厂纪念岗位责任制创立六十载

今年是第一采油厂北二注水站建立暨岗位责任制创立60周年。在6月6日召开的纪念大会上，油田党委和油田公司致贺信，向北二注水站的全体干部员工、离退休老同志及家属表示热烈祝贺，充分肯定了岗位责任制在推进企业制度化、科学化建设中的重要作用，以及继承发扬大庆精神、铁人精神中所作的突出贡献。

60年前，石油大会战拉开序幕，随着生产规模快速扩大，岗位人员职责不甚明晰，生产管理薄弱环节日渐显现，最早投产的一座注水站因管理不善发生火灾事故。一把大火，让干部员工认识到，岗位必须有制度，员工必须有责任心。1962年5月，会战工委发动群众，总结经验，在北二注水站首创大庆油田生产管理制度——岗位责任制，将生产任务、管理要求和操作规定落实到具体岗位上，将"事事有人管、人人有专责、办事有标准、工作有检查"作为大庆油田"三基"工作重要内容，开启了我国石油工业制度化和科学化管理的新阶段。

60年来，北二注水站始终树牢"传统永恒、责任无限"核心理念，践行"把岗位责任制融入灵魂和血液"的责任使命，坚持"三标"行为准则，创造"两检三查一整改"岗检新模式，通过践行岗位责任心、弘扬严实好作风，将严格管理与高度自觉统一。他们结合岗检新要求，将效益指标和安全管理放在重要位置，注水单耗指标控制在每立方米5.6千瓦时以内，实现连续安全生产21942天。

会战时期"两论"起家，从最初的五大制度到完善为八项制度，这个厂在"两册""三化"等管理实践中一直承初心守根本，在107次集中岗检中总结出"干群同向　四环四控"岗检模式，在油田生产各个阶段和高质量发展中，不断引领岗位责任制发展完善，形成的"三老四严""四个一样"成为大庆精神、铁人精神及会战优良传统的重要组成部分。

当前，第一采油厂坚定承担起当好"顶梁柱"的责任使命，在全力打造"五个一流"采油厂、奋力实现600万吨以上阶段稳产的战略关键期，将广泛开展"传承岗位责任制，管理再上新台阶"管理提升活动，奋力谱写新时代岗位责任制传承发展精神领航、制度建设、岗检实践、能力提升"四个新篇章"，努力在凝聚全员思想合力、优化高效管理模式、推动岗位责任落实、推进全面履职尽责上走在前列。截至目前，第一采油厂已累计向国家贡献原油6.4亿多吨。

（来源：《大庆油田报》2022年6月7日）

大庆油田：新时代岗检激发新活力

今年是中国石油大庆油田岗位责任制创立60周年。岗位责任制是中国石油大庆油田的优良传统，更在石油工业乃至我国工业化进程中发挥了不可替代的作用。

大庆油田采油一厂第二作业区北八队北二注水站，虽然经过多次翻修，这座小站依旧保留着60年代的外观原貌，砖瓦房上的红色五角星，仿佛诉说着它的峥嵘岁月。

站长刘梅正在注水泵房里录取各项参数。她一丝不苟地观察着注水设备的运行情况，随后又根据二次仪表进行认真比对，直到确认无误，才在电子生产日报表上录入生产数据。这样的操作，站里的每名员工每天都要反复进行许多遍。为了取到最准确的数据，一代代北二注人就这样操作了60年。

截至2022年6月27日，北二注水站已安全生产21963天无事故，累计录取610余万个数据无差错。这是一代代北二注人严格执行岗位责任制，永铸岗位责任心的硕果。"60年来，不管时间和任务怎样变化，不管工艺和技术怎么改进，不管员工换了多少代，大庆精神、铁人精神及会战优良传统始终作为北二注的'站魂'坚守不变，铸就了永不褪色的岗位责任心。"刘梅说。

进入新时代，北二注水站坚定扛起履行岗位责任制、弘扬严实作风的重要责任。总结60年的发展经验，从"五大制度"丰富至"八大制度"，培育形成了以"上标准岗，干标准活，交标准班"为内容的"三标"行为准则，推行"231"岗检模式，"三导"值岗方法，始终在实践中传承和丰富岗位责任制。

自新时代岗检制度启动以来，北二注水站针对岗位主要内容，围绕管理、风险和效益三个关键点，创新运用持单指导、目视引导、岗检督导的"三导"值岗方法来践行"三标"行为准则。

"岗位指导卡"被北二注水站员工称为"操作宝典"。"这里涵盖站里所有岗位的工作清单。每项工作需要干什么、谁来干、怎么干、干到什么程度，全都一目了然。只要持单上岗，岗位'小白'也能变'成手'。"刘梅介绍说。

他们还结合工艺，排查出 10 个效益点，提出控制措施。通过现场放置设备功能图版、巡检牌等目视引导方式，强化员工熟记工作标准、流程，熟识区域风险。运用岗检自查表、监督检查表以及岗检信息平台，形成岗检督导模式。

好的制度只有在传承中发展，在发展中传承，才能更好地展现新效能。岗位责任制如同一条纽带，把大庆油田千千万万的具体工作同千千万万名员工串联起来，他们在继承中弘扬传统，在工作中持续创新，把岗位责任制这块"金子招牌"擦得更亮，不断创造新业绩、实现新发展。"继承不守旧、创新不丢根"。大庆油田在发展道路上，不断赋予岗位责任制新内涵，不断创新符合时代要求的岗检形式，培育全员高度岗位责任心，进一步夯实基础工作，提升管理水平，为高质量发展提供了坚强保障。

（来源：新华网黑龙江频道 2022 年 6 月 29 日）

中国石油大庆油田：让岗检从历史走向未来

在大庆市萨尔图区标杆三村北面，中国石油大庆油田采油一厂北二注水站坐落于此。1962年，在"一把火烧出的问题"大讨论、大分析、大总结中，北二注水站形成了影响至今的岗位责任制，岗位责任制检查（岗检）随之在全油田开展。跨越一个甲子的光阴，岗检早已成为大庆油田基层建设和管理经验的重要组成部分。

"正是依靠以岗检为根基建立的大庆管理模式和管理经验，让我们成功拿下了大油田，高效开发了大油田，更坚定不移管好了大油田。"大庆油田公司企管法规部主任介绍，作为推进落实岗位责任制的最有效方法，岗检有力保障了油田各发展阶段战略目标的实现，是油田生产管理中极具分量的闪亮"名片"。

走过了61年的光辉历程，站在新的历史方位，"坚持和巩固什么？""完善和发展什么？""怎样让岗检从历史走向未来？"……面对一系列必须答好的时代命题，大庆油田以习近平新时代中国特色社会主义思想为指引，继承不守旧、创新不丢根，着力构建"四位一体"岗位责任制综合管理体系，守正创新、与时俱进，以新时代岗检新作为，为建设世界一流现代化百年油田提供了坚实支撑。

守思想之正，创理念之新。根植传统岗检"主题式部署"的优势土壤，新时代岗检在抓主要矛盾、保重点工作的同时，用现代管理理念赋能加力，创新提出"减负、提质、升级"三大目标，以新理念指导实践，确保成效。

新时代岗检启动以来，各类检查统筹融合推进，成果共享、减少次数，真正为基层减负。井下作业分公司修井三大队经营办主任深有感触："上面千条线，下面一根针。过去各类检查工作量很大。开展新时代岗检后，同类检查我们只需要1次，减负的效果非常明显。"

提质、升级的效果如何？数据最有发言权。新时代岗检在查改执行问题的同时，溯源制度流程短板、开展对标管理提升，累计完善各类制度219项、优化流程节点607项，更新升级"两册"4万余份，管理科学化、规范化水平不断攀升；总结推广不同层级经验亮点53个、表彰先进单位605个、选树先进个人1379名，有效营造了"人人争先进、全员学标杆"的工作氛围。

守制度之正，创内容之新。以传统岗检在检查内容上的"八、六、七"岗位责任制为出发点，新时代岗检紧跟现代企业经营管理需要，升级岗位责任制和"两册"新模板，创新拓展经营管理、生产操作"两个领域"，油田公司、所属单位、基层单位"三个层面"，以及领导干部、机关管理人员、基层管理人员、生产操作员工"四类人员"的检查范围，从抓生产、保安全向生产经营两手抓迈进，重点关注实质性工作和与生产安全紧密相关的因素，实现全面覆盖和关键受控的辩证统一。

领域拓宽了，"体检"更全面。油田公司基建管理中心副主任表示，新时代岗检把各级干部和管理技术人员一并纳入检查范围，真正实现了基建业务全链条全方位的"体检"，有力促进了岗位履职依法合规和质量安全环保整体受控。

守作风之正，创方法之新。新时代岗检以传统岗检"三老四严"的过硬作风为基准，综合应用内控测试、体系审核等现代管理方法，差异化设计了针对性、实用性、操作性更强的检查方法和组织方式，将严实作风贯穿岗检始终，确保真查问题、查真问题。

"我负责的业务比较多，原来检查周期较长。现在通过内控关键控制测试，一次性把我这个岗位风险最高的点抓到了。通过采取内控跟单测试，把流程上各节点、各层级人员串了起来，一次性查清查透、省时省力。"第八采油厂企管法规部副主任说。

"弘扬严实作风"是推动新时代岗检不断向纵深的坚实保障。在冰天风雪中、在蒙蒙细雨中、在泥泞小路中，不停上演着新时代岗检中的感人事迹。

作为我国最北、最冷的油田，海拉尔油田跨省开发、远离市区，"寒、短、大、远、散"的特点，给日常生产运行和管理带来极大挑战。在海拉尔前线办公的呼伦贝尔分公司副经理有感而发："我们这一年一大半时间是冬天、零下三四十度是常态。点多线长、人员少，工作任务十分繁重。但是我们心里清楚，不能因为客观条件，就放松检查标准。"他们打破常规、迎难而上，疫情期间，多部门轮班驻扎前线，干部员工最长坚守91天，圆满完成岗检各项目标，有力保障了生产经营工作规范有序开展。

深究、广查、出真招；治粗、落细、见实效。随着新时代岗检的深入推进，油田制度体系变得更加完善，公司治理体系和治理能力现代化建设水平持续提升，履责尽责、担责负责的态度蔚然成风。目前，大庆油田以"保稳增、强作风、夯基础、促合规"为主题的第109次新时代岗检已经全面启动。

承接历史之蓄势，开创时代之新业。关于新时代岗检自信自强、守正创新的探索，大庆油田永远在路上。

（来源：央广网2023年4月12日）

人在"网"中走　事在"格"中办

——大庆油田探索构建新时代红色网格治理新模式纪实

截至7月3日，大庆庆新油田原油产量上半年超计划完成，生产成本低位运行，安全生产无事故，员工队伍和谐稳定、士气高昂，推行红色网格治理模式取得喜人硕果。

今年以来，大庆油田着力探索新时代红色网格治理模式，首批18家二级单位积极组织、推进实施，为新时代加强油田基层党建、引领推动企业治理能力现代化积累了实践经验，奏响了新时代推进基层党建强音，"网"出了"当好标杆旗帜"的奋进力量。

红色网格是什么？
丰富创新内涵

大庆油田贯彻落实习近平总书记关于"推进国家治理体系和治理能力现代化"重要讲话精神，探索构建"红色网格治理"新模式。红色网格治理以"支部建在网格上、党员走在网格中"为基本特征，以区域定界、任务定人、管理定责、行为定标为基本要求。油田建"大网"，连接所有二级机构，实现区域全覆盖；基层编"小网"，连接所有三级机构，实现组织全纳入；支部织"细网"，连接所有基层党支部，实现党员全参战，明确人、事、物、责、时间、空间六要素，建立责任清、全覆盖、无死角的网格管理模式。

在油公司模式改革的单位，党支部是红色网格最小的管理单元。按照网格的管理模式，支部下设党小组，可按属地、责任等将党小组作为一个责任区，通过党员包保联系群众等方式，使岗位责任制更好地落实落地。

在推进红色网格治理模式工作中，大庆油田以党旗为凝聚、以党建为引领、以党组织为核心、以党员为先锋，创新升级版网格化管理。在数字化赋能下，有效探索油田与城市融为一体的共建型高效治理模式。

构建红色网格治理模式，大庆油田找到加强"三基本"建设有效落脚点，使组织在网格功能中发挥更加强大的作用，使基本队伍在完成网格任务中锻造壮大，使基本制度在强化网格实践中落地执行，使大庆油田党组织成为一个形神兼备、气血贯通的"生命体"，更加彰显政治优势。

大庆油田探索推进红色网格治理新模式，把油田基层党建政治优势和现代治理优势融为一体，成为打造一个主动、鲜活的新时代基层治理载体的有益尝试。

红色网格怎么建？
确立目标指引

红色网格治理模式怎么建？大庆油田确立目标指引，使党建触角延伸至基层末梢，在最基础环节提升治理效能，向世人展现一个更加充满生机、活力、信心的大庆油田，让大庆红旗高高飘扬。

大庆油田以落实基层党建"三基本"建设为着眼点，以构建党支部红色网格为基本单元，以赋能党员红色使命为基本支撑，以建设党建红色平台为基本依托，以完善激励约束红色机制为基本保障，实现基层党建与现代治理有机融合、企业与社会互补衔接、上下穿透与企地贯通一体协同的基层治理大庆样板。

细化网格，各负其责。大庆采油三厂第八作业区党委深化细化红色网格设置，形成了以作业区为网、党支部为微网、微网内设管理单元的网格管理架构。该作业区共划分细网1个、微网17个、管理单元54个，实现网格内不落一人、不丢一岗、不漏一项、不失一环。党员与群众结对包保，使党员先行、群众同行的目标在网格中进一步强化。

组织体系纵向到底，人员管理横向到边。大庆采油五厂组建完成了厂党委红色小网、作业区党委红色细网。网格员作为支点，明确工作职责和工作内容，构建区域全覆盖、组织全纳入、党员全参战的红色网络。现已划分小网格1个、细网格15个、单元175个、网格员支点795个，覆盖全厂全体员工。

优化网格架构，提升管理效能。大庆采油九厂建立一张以矿权区域全覆盖、各级组织全纳入、所有党员全参战、所有群众全联系为特征，上下、内外全部贯通的红色网络，划分11个油气生产、3个科研、5个后勤服务保障单位共80个网格，使基层党建向生产、经营、稳定、安全等中心工作延伸，提升了网格管理效能。

红色网格带来什么？
助力排忧解难

红色网格的核心是"人在网中走、事在格中办"，实现日常工作在网格、问题发现在网格、责任落实在网格、任务完成在网格、矛盾化解在网格，切实解决好员工群众急难愁盼问题。

大庆油田明确定位，红色网格治理网格员当好"六大员"角色，即政策主张的宣传员、管理创优的示范员、维稳信访的调解员、安全管理的监督员、综合治理的协管员、健康管理的指导员。

赋予网格红色使命。大庆采油六厂党委抓好细网格日常考评和激发网格员先锋模范作用，研究制定红色网格堡垒指数和先锋指数积分制考评机制，将细网格及网格员作用发挥情况纳入"双指数"体系，将创先争优活动、提质提效行动与"贡献值"有机结合，切实建立起"干在平时，功在积累"的评价机制，潜移默化地推动红色网格效能放大。

解决急难愁盼问题，增加员工幸福感。大庆采油七厂共划分180

个红色网格，把党组织工作延伸覆盖到每个网格里，发挥党员在网格内锤炼、群众在网格内联系、意见在网格内收集等网格管理功能。今年以来，该厂党委办好员工生活工作所需的实事好事200件左右，切实提升了网格内员工的幸福感。"'红色网格'的构建，真正实现了小事不出党小组，一般事不出党支部，大事不出党委，做到了问题不上交，我们正全力打造新版'枫桥经验'。"大庆庆新油田党委书记说。红色网格治理模式落实落地，成为基层干部员工亲密无间的"连心网"。

协同兼容，企地组外网。大庆外围油田党委与地方党组织按照网格层级适时进行连接，构成一张双重覆盖、无盲区、可互补的外网。今年以来，大庆采油七厂已与地方开展座谈交流39次，开展主题党日、知识竞赛、义务劳动等活动36次，发现处理管线渗漏、土地占压、故障井等问题175个。

大庆油田集中全油田的智慧力量，全面推进红色网格治理模式，充分发挥基层党建引领作用，实现管理全覆盖、无盲区，让"工业学大庆"的时代性在新时代有了新的呈现，更好地服务当好标杆旗帜、建设世界一流现代化百年油田。

记者手记

让红色网格更加具有生命力战斗力向心力

在采访过程中，记者了解到大庆油田正在加速推进红色网格治理模式，并已落地见效，一个个生动鲜活的事例，体现出红色网格治理模式更加具有生命力、战斗力、向心力。

面对联合站运行能耗较大问题，5月初，大庆庆新油田生产指挥中心联合站党小组网格员张永鑫落实管理创优示范员责任，结合实际，较上年提前两周停加热炉1台、停机泵3台，节电6.7万千瓦时，节气2.8万立方米。

庆新油田地质工艺研究中心综合组组长、网格长孙思勉，利用红色网格平台分享获奖经验。红色网格的示范引领带动作用充分展现，这个组精准开发调整，深挖剩余油潜力，今年始终保持日产原油520吨以上运行。

在大庆采油七厂，红色网格员实时关注员工的朋友圈等动态，提前预判可能发生的情况，及时提醒并协调解决问题。"五一"期间，员工贾卫同自驾出游，他的红色网格员孙建华联系他的家人，一起提醒贾卫同，注意安全出行。"不管你在哪里，网格员都要抓好员工八小时内外的提醒监督。"

红色网格治理模式试点单位——大庆采油三厂第八作业区打破过去"各抓各"的管理方式，将1173口油水井、64座站间全部纳入网格、实行统一管理，使管理单元更小、发现问题更准、落实工作更细，做到了一张网部署、一张网传达、一张网落实、一张网反馈，确保了原油生产态势主动。

红色网格治理模式的"大庆样板"，让我们更加清楚地看到网格化管理不是单方面的行动，而是全民参与的大合唱，真正将组织触角延伸至基层一线的每一个角落，用绣花般精细的管理和服务，提升基层治理的精度、深度和温度，有效提升了员工群众的安全感、获得感和幸福感。

（来源：《中国石油报》2023年7月10日）

岗位责任制

以岗检新成效助力"第二曲线"加速上扬

"要全力扛起'第二曲线'上扬新使命,集聚岗检力量促发展""今后一个时期,岗检的首要任务,就是进一步调动岗位履责的主动性,服务于成长'第二曲线'加速上扬"……

岗检是大庆油田的优良传统,是大庆式治理方式的重要标志。4月17日,油田召开第109次新时代岗检总结表彰暨第110次新时代岗检启动会议,总结经验成绩、分析形势问题、部署重点任务,扎实推动新时代岗检全面提质提效、扩大品牌效应、赋能管理提升,为加速上扬成长"第二曲线"、建设世界一流现代化百年油田提供坚强支撑。

为什么要以新时代岗检新成效助力油田加速上扬成长"第二曲线"?

回望来时路,开发建设60多年来,油田坚持强"三基"、固根基,不仅持续筑牢了基层建设坚强堡垒,更有力支撑了油田高效开发建设。特别是近年来,油田上下高举红旗、守正创新,探索实践了新时代岗检、红色网格治理模式等一系列创新举措,进一步丰富和拓展了"三基"内涵,让大庆管理始终走在探索中国特色的新型工业化道路"第一方阵"。

奋进新征程,更要始终坚持抓基层、打基础这一长远之计和固本之举,持续创新完善红色网络治理模式,着力构建基层治理新范式,为油田打造彰显管理特色、构筑治理高地的领军企业奠定坚实基础。

关键之年应有关键作为。今年是习近平总书记致大庆油田发现60周年贺信5周年,也是"工业学大庆"号召发出60

周年、大庆油田"三基"工作提出60周年。以"提质效、促合规、强作风、保稳增"为主题的油田第110次新时代岗检已经启动,突出内涵是吹响管理提升"冲锋号",核心要义是打造岗检效能"升级版",关键目标是锻造发展韧性"强引擎",支撑"一量+四率"持续上升,确保油田高质量发展。

需要特别强调的是,与当年的岗位责任制检查相较,新时代岗检必须有"新"的特点。油田各单位、各部门在开展新时代岗检的过程中,要不断赋予"新"的内涵,"要有时代性,坚持与时俱进,集中体现在创新上""要有实用性,坚持问题导向,重点关注制度的执行与修订""要有规律性,及时总结事物发展的规律,使管理更具科学性"。

千里始于足下,行之贵在日新。坚定不移用好岗检这个推动管理提升的硬举措,大庆油田加速上扬成长"第二曲线"、奋进世界一流现代化百年油田新征程的保障必将更加坚强有力。

(来源:《大庆油田报》2024年4月18日)

参考文献

[1] 中共中央党史和文献研究院. 中国共产党的一百年[M]. 北京：中共党史出版社，2011.

[2] 余秋里. 余秋里回忆录[M]. 北京：人民出版社，2011.

[3] 温厚文. 康世恩传[M]. 北京：当代中国出版社，1998.

[4] 尤靖波. 大庆会战与工业学大庆[M]. 北京：石油工业出版社，2019.

[5] 大庆油田有限责任公司《大脚印》编纂委员会. 大脚印：大庆油田勘探开发历程揭秘[M]. 北京：石油工业出版社，2014.

[6] 陈立勇，刘晓华，张文彬. 大庆石油会战口述实录[M]. 北京：中国工人出版社，2020.

[7] 何奇志，高玉金. 大庆传家宝. 岗位责任制检查[J]. 中国石油，1999（2）：63.

[8] 韩福魁. "两论"是大庆企业管理的根基——三议"两论"起家[J]. 大庆社会科学，2007（5）：22-28.

[9] 王丽丽. 大庆精神面临的新要求新考验新机遇研究[J]. 大庆社会科学，2018（1）：21-24.

[10] 王瑞丽. 新媒体时代大庆精神传播遇到的挑战及路径拓展[J]. 大庆社会科学，2016（5）：39-40.

[11] 谷霞，张建秋，王晧杰. 新时代传承弘扬大庆精神铁人精神面临的新挑战研究[J]. 大庆社会科学，2019（2）：5-8.

[12] 石延坤. 三基工作的历史作用与现实意义[J]. 石油政工研究，2011（6）：48-50.

后　　记

　　60多年前，发源于大庆油田第一采油厂的岗位责任制，作为"工业学大庆"的重要内容享誉全国。60多年来，第一采油厂始终践行传承岗位责任制的责任使命，把岗位责任制作为企业固本强基、攻坚克难的制胜法宝，厚植岗位责任心、践行岗位责任制、提高岗位执行力，以彪炳史册的骄人业绩和不可替代的历史贡献，续写着一个又一个时代篇章。

　　本书将岗位责任制与高质量发展的时代要求、"当好标杆旗帜、建设百年油田"的奋斗目标紧密相连，立足一厂、放眼油田，全面阐述了岗位责任制的产生、内涵、执行、作用，系统总结了新时代传承岗位责任制的经验方法，深入探讨了新时代传承岗位责任制的形势任务，丰富延展了新时代传承岗位责任制的探索实践，生动讲述了传承岗位责任制的经典故事，甄选收录了本书涉及的相关名词和岗位责任制相关报道，接力传承了几代石油人的精神积淀，为大庆油田、中国石油乃至全国工业企业提升治理能力现代化水平，加快世界一流现代化企业建设提供参考和借鉴。

  本书的编撰和出版是集体智慧的结晶。在编撰过程中，得到了大庆油田相关领导及部门的悉心指导，参考了大量历史资料，辑录了大庆油田钻探工程公司、大庆油田工程建设有限公司、大庆油田物资公司、大庆油田试油试采分公司等兄弟单位的经典故事，走访了铁人王进喜纪念馆、大庆油田历史陈列馆、西水源等企业精神教育基地。在此，对为本书的出版作出贡献的单位和个人致以崇高的敬意和衷心的感谢。多年来，关于大庆精神大庆传统的专著文献较多，但是对岗位责任制进行专门的梳理、深入的研究、系统的阐释还是一次全新尝试。秉承着对其理论探讨、实践研究与经验贡献并举的理念，将此书编著而成。

  因水平有限，书中不足之处在所难免，敬请广大读者批评指正。

《岗位责任制》编委会

2024 年 6 月